KB238147

세계를
어떻게
볼것인가

세계를 어떻게 볼 것인가

초판 1쇄 인쇄 | 2025년 7월 17일
초판 1쇄 발행 | 2025년 7월 28일

지은이 | 서정수
펴낸이 | 최병윤
펴낸곳 | 행복한마음
출판등록 | 제10-2415호 (2002. 7. 10)

주소 | 서울시 마포구 성미산로2길 33, 202호
전화 | (02) 334-9107
팩스 | (02) 334-9108
이메일 | bookmind@naver.com

ISBN 978-89-91705-58-6 03130

-세계의 일반적 특징에 대하여-

세계를 어떻게 볼 것인가

서 정 수 지음

행복한 마음

프롤로그

필자가 세계관을 처음 접하게 된 것은 21년 전이다.

2004년 3월 어느 날, 광화문 교보문고를 찾아 신간서적을 살펴보고 나서 인문 사회과학 코너를 보던 중 황장엽 선생께서 지으신 《인생관》과 《세계관》이 눈에 띄었다. 나는 전공이 정치학이지만 평소 철학에도 관심이 많은 편이었다. 한국 사람들은 나이가 들면 철학, 특히 동양철학에 관심을 갖는 사람들이 많다고 한다. 나도 그런 부류 중의 한 사람인지도 모르겠다. 어쨌든 나는 《인생관》이란 서적을 구입해서 연속 두 번을 읽었다. 내용은 인생관의 기본 문제, 생명관, 생활관, 행복관, 가치관으로 구성되어 있었으며, 흥미롭게 읽었다.

그 후 교보문고를 다시 방문하여 지난번에 봤던 《세계관》 서적도 구입해 거의 다 읽어갈 무렵, 사회운동가이신 정기용 회장(나의 대학 선배이기도 함)으로부터 전화가 왔다. 자기와 함께 선릉역 모처에 가서 황장엽 선생님을 뵙고 그분의 말씀을 들어보자는 것이었다.

그렇지 않아도 선생께서 지으신 《인생관》과 《세계관》을 읽으면서 이해하기 어려운 부분이 있어 고민하던 중이라 잘 됐다 싶은 생각이 들어 쾌히 승낙하였다. 마음속으로는 북한에서 오신 지체 높으신 분을 뵙게 된다는 생각에 다소 마음의 설렘을 느끼기도 하였다.

　다음 날, 황장엽 선생을 찾아뵙고, 정기용 회장은 나를 황장엽 선생께 소개하여 주었다. 나는 초면에 예의상 이것저것 여쭈어볼 수도 없고 하여 선생께서 지으신 《인생관》과 《세계관》을 구입해 읽고 있는 중이라는 말씀을 드렸다. 선생께서는 반갑다는 말씀과 더불어 오늘부터 본인이 철학강의를 시작하는데 한번 들어보라고 하셨다. 나는 마음속으로 '럭키'하다는 생각을 하면서 고맙다는 말씀을 드리고 첫 강의를 들었다. 바로 그날이 2004년 4월 22일(목)로 기억된다.

　그날의 강의 내용은 북핵 문제였는데, 본인(황장엽)이 북에 있을 때 이미 김정일이 핵무기를 2개 이상 만들었다는 말씀과 더불어, 김정일이 "몇 알(몇 개) 더 만들었으면 좋겠다"라는 말을 했다는 것이며, 핵무기를 만든 일꾼들에게 김정일이 표창을 했다는 말씀도 하셨다. 덧붙여 중국은 북핵 문제에 대해 김정일에게 설득한 것이 있는데 그 내용은 "이제 쓸 만큼 만들었으니 더 만들려 하지 말고, 미국을 자극하지 말라"라고 했다는 것이다.

　그다음 주에는 세계관에 관한 강의가 있었는데, 강의 내용은 〈세계에 관한 문제는 인간의 운명이 세계화에 의해서 규정되기 때문에 세계를 알아야 한다〉라는 말씀과 〈우주가 얼마나 넓은가? 인간은 어떠한 존재인가? 인간은 영원할 수 있는가? 암흑 물질과 암흑 에너지는 아직까지 발견한 것은 아니지만, 인력(引力) 관계를 규명해 가정한 것이다〉라는 말씀, 그리고 〈그러나 그 가설이 맞을 수도 있다〉라는 말씀이 있었다.

또한, 우리가 알고 있는 물질세계는 전체 양의 4% 정도밖에 안 되며, 나머지는 암흑 물질과 암흑 에너지인데 암흑 물질은 23%이고, 암흑 에너지는 73%라고 전문가들이 주장한다는 등의 내용을 말씀하셨다.

칸트도 세계에 대한 4가지의 의문을 가지고 있었는데 그중에 첫째는 "세계는 유한한가, 무한한가?" 둘째는 "세상은 단순한가, 복잡한가?"라는 질문이었다는 것이다. 이 같은 내용이 그날 강의의 골자였다

그 후 선생께서 매주 1회 방대한 양의 그의 철학을 자유자재로 강의를 하다 보니 철학적 기초가 없는 일반인들은 숲을 보고도 나무를 보지 못하는 것과 같이 이해하기 어려운 점이 있었다.

필자는 위와 같은 점을 고려하여 세계관에 관한 문제도 종합적으로 정리하여 보고 싶다는 생각을 오래전부터 갖고 있었고, 《세계를 어떻게 볼 것인가》도 이러한 맥락에서 집필하게 된 것이다. 그러나 부족한 점이 많이 있을 것으로 생각한다. 독자 여러분들의 많은 충고와 비정

(批正)을 바란다.

　끝으로 외부의 이렇다 할 지원도 없는 재정난 속에서도 흔쾌히 출판비 일체를 지원해 주신 (사)민주주의 정치철학연구소 손광주 대표께 감사드리며, 아울러 출판업계의 어려운 환경에도 불구하고 기꺼이 출판을 맡아주신 도서출판 행복한마음 최병윤 대표와 관계자들께 심심한 감사의 말씀을 드린다.

2025년 05월 11일

冠岳 서정수 배상

세계라는 단어는 우리에게 익숙한 단어일지라도 그 의미를 정확히 정의하기는 쉽지 않다. 세계는 우리가 살고 있는 행성인 지구를 포함한 모든 것을 의미한다.

세계는 단지 우리 개인의 경험에 국한되지 않으며, 우리가 살아가는 이 공동체의 모든 것들을 포함한다. 그것은 우리가 서로에게 도움을 주고받으며, 함께 성장하고 발전하는 곳이기 때문이다.

그러나 '세계란 무엇인가?'라는 질문을 달리 보면 '내가 살아가는 삶의 공간에 대한 조망'이라고 할 수 있다. 삶의 공간을 어떻게 조망하고 있느냐에 따라 삶의 방향은 크게 달라질 수 있기 때문이다. 그 삶의 공간이란 현재 우리가 살고 있는 주거지나 학교나 직장과 같이 매일의 일상이 이루어지는 실제의 공간이기도 하고 역사·문화·경제·사회·정치·수학·과학·예술·종교와 같이 인간의 삶을 구성하는 인식의 공간이기도 하다. 이러한 실제의 공간과 인식의 공간에 대한 파악이 곧 세계에 대한 인간의 이해에 해당한다.

실제의 공간이란 우리가 직접 경험할 수 있는 공간을 가리킨다.

물론 지구나 우주와 같이 직접 경험할 수는 없으나 분명 직접적으로 공간을 포함하고 있는 조금 더 큰 범위의 공간도 포함하고 있다. 또한 자연계이기도 하고 인간에 의해 인위적으로 조성된 물리적 세계이기도 하다.

고대로부터 인간은 이 세계를 발견해 왔고 동시에 구성해 왔다. 어느 것은 외부의 세계에서 얻었고, 어느 것은 내부의 세계로부터 이끌어내기도 했으며, 하늘과 별과 구름을 보고 천문학을 만들기도 했다. 땅과 산과 그림자를 보고 기하학을 만들기도 했고, 종교와 수학과 과학을 통해 보이지 않는 세계를 탐험하고 개척하기도 했다. 또한 촌락을 이루고 도시를 건설하고, 국가를 구성하는 과정에서 인간은 스스로 집단을 형성하고 자신들만의 문명을 구축하여 독특한 정체성을 만들어내기도 했다.

이와 같이 자연에 대해 파악하고 이를 활용하여 문명을 발전시켜 온 인간의 모든 정신적, 물리적 활동의 근거가 되는 삶의 공간이 곧 '세계'이다. 이것이 철학을 포함한 모든 학문에서 탐구 대상으로 여기는 '세계'이기도 한 것이다. 더구나 인간은 이 세계를 끊임없이 확장시킬 수도 있으며, 끝없이 개선하고 발명하고 연구하고 구상하여 '새로운 세계'를 추가할 수 있는 능력을 지닌 사회적 존재이기도 하다. 이 속에서 우리는 각자 세계에 대한 '나름의 인식'을 갖고 '어떻게 살아갈지' 고민하며 자신의 삶을 영위하고 있는 것이다.

인간이 이 세계를 어떻게 인식하느냐에 따라 이 세계는 인간에게 좋은 곳이 될 수도 있고, 나쁜 곳이 될 수도 있다. 따라서 세계에 대한 인간의 탐구 자체도 중요하지만 어떻게 탐구할 것인지도 중요하다. 이유는 그 결과로부터 우리의 삶이 시작되고 삶의 방향도 결정될 수 있기 때문이다.

인간이 세계가 무엇인가에 대하여 관심을 갖는 것은 인간의 운명이 세계와의 관계에서 규정되기 때문이다. 아직 인간은 세계가 무엇인가에 대하여 모두 알고 있는 것은 아니다. 그러나 세계에서 차지하는 인간의 자주적인 지위와 창조적 역할에 대하여서는 믿을 만한 지식을 갖게 되었다.

인간은 가장 발전된 존재로서 세계에서 자주적인 지위를 차지하고 자체의 힘으로 자기 운명을 끝없이 개척해 나갈 수 있는 창조력을 지닌 유일한 자주적 존재이다. 이것은 바로 인간이 세계의 주인, 자기 운명의 주인으로서의 지위를 차지하고 있다는 것을 의미한다. 세계에서 차지하는 인간의 자주적 지위와 창조적 역할에 대하여 확신을 갖는 사람들이야말로 확고한 세계관적 인생관을 갖고 사는 사람들이라고 볼 수 있다.

우리는 모두 다 과학을 믿는 문명인들이다. 모든 것이 저절로 하늘에서 떨어지거나 땅에서 솟아날 수는 없다. 우리는 우리에게 필요한 모든 물건을 전부 우리 자신의 힘으로 만들어내야 한다.

세계는 본질에 있어서 물질이고, 물질로 통일되어 있으며, 그 자체의 법칙에 따라 행동하고 변화 발전한다는 것은 부인할 수 없다.

이 명제에는 세계의 본질이 명확히 밝혀져 있다. 사람은 세계 속에서 살아야 한다. 세계를 떠나 세계 밖에서 살아가는 사람은 없으며 또 있을 수도 없다. 사람은 자연을 정복하고 세계를 지배하며 살아가는 존재이다.

사람이 자기의 생활적 요구에 맞게 세계를 개조하고 자신의 운명을 개척하려면 무엇보다도 세계가 무엇으로 이루어져 있으며 그 근본 특징이 무엇인가에 대해서 정확히 이해해야 한다.

우리 주변에 있는 어떠한 물체도 영원불변의 고정된 실체를 가지고 있는 것이라고는 하나도 없다. 모든 물체는 생명체에서와 마찬가지로 고정된 불변의 실체를 가지고 있지 않다. 이는 우리 주변의 물체뿐만 아니다. 밤하늘을 수놓은 우주의 모든 천체들도 예외 없이 자기 자신을 끊임없이 변화시켜 가고 있다. 가령 항성의 경우에는 외계로 에너지를 내보내면서 자신을 구성하고 있는 수소를 헬륨으로 바꾸어 간다. 또한 수소로 이루어진 희미한 성간물질이 모여 별을 이루기도 하고 별이 생명이 다하여 우주 공간으로 흩어지기도 한다.

원자핵을 이루고 있는 양성자나 중성자는 다시 수없이 많은 소립자(素粒子)로 이루어져 있고, 이들 소립자들은 상호 간의 관계 위에서 끊임없이 생(生) 하고 멸(滅) 하면서 존재한다. 이들 소립자 간의 관계는 고정된 실체 사이의 관계가 아니라, 서로가 서로의 원인이 되는 역동적인 인과(因果) 관계를 보여 준다.

우리가 사는 세계, 이 세상은 여러 층으로 이루어져 있다. 소립자들이 모여 양성자나 중성자를 이루고, 양성자 중성자들이 모여 원자를 이룬다. 원자가 모여 분자를 이루고, 분자들이 모여 생명체를 포함한 갖가지 물체를 이룬다. 그런 물체들이 모여 천체(天體)를 이루고, 천체가 모여 우리의 우주가 된다.

그리고 이 세계는 우리에게 무궁무진한 가능성을 제공하며, 우리의 삶을 둘러싼 모든 것을 포괄한다. 또한, 세계는 우리가 탐험하고 발견할 수 있는 끝없는 자연의 아름다움을 간직하고 있으며, 우리에게 도전과 성장의 기회를 제공한다. 우리는 이 세계에서 자신의 꿈을 펼칠 수 있고, 자신의 잠재력을 발휘할 수 있다. 세계는 우리에게 무한한 가능성을 보여주며, 우리가 얼마나 멀리 갈 수 있는지를 알려주기도 한다.

세계관적 인생관을 가진 사람들은 세계의 주인, 자기 운명의 주인으로서의 사명을 다해야 한다는 신념을 안고 한 생을 보람 있게 살 수 있다. 우리에게 중요한 것은 세계관 자체가 아니라 세계관적 인생관이다.

인간중심의 철학에서는 세계관의 체계를 인간중심 철학의 물질관, 인간중심의 사회역사관, 인간중심 인생관의 3가지 구성요소와 결합구조로 체계화되어 있다.

이 책에서는 세계관을 좀 더 세분화하여 다섯 개의 장(章)으로 나누었다. 즉, 세계에 대한 일반적 개념과 세계의 물질성과 물질의 본질적 특성, 세계의 변화와 발전의 법칙, 세계에서의 인간의 지위와 역할, 그리고 세계관과 불가분으로 연결되어 있는 인생관으로 나누어 서술하고자 한다.

제1장
세계란 무엇인가?

1. 세계의 일반적 특징은 무엇인가?

2. 신비로운 우주 현상과 우주의 신비

3. 우주의 특징은 인간의 운명과 어떻게 관계되는가?

1. 세계의 일반적 특징은 무엇인가?

인간의 운명은 세계와의 관계에서 규정된다. 따라서 인간중심의 철학에서 세계의 일반적 특징에 대한 해명은 철학의 첫 번째 근본 문제로서 제기된다.

보통 우리가 세계적이라고 할 때의 세계는 지구를 염두에 두고 있지만, 여기서 세계는 우주를 두고 하는 말이다. 우리가 세계를 인식하는 데에는 두 가지 방법이 있다.

그 하나는 〈거시세계〉, 다시 말하면 우리가 천체망원경을 통해서 관찰할 수 있는 거대한 공간의 세계가 어떤 상태에 있는가를 알아보는 것이다.

여기서는 보통 거리를 측정하는 단위가 광년(光年)이다. 세상에서 제일 빠른 것이 빛인데 그것은 초당 약 30만 ㎞를 달린다. 이런 속도로 1년간 달리는 거리가 1광년의 거리이다.

다른 하나는 〈미시세계〉, 즉 원자나 소립자와 같은 특수 현미경으로만 관찰할 수 있는 미시세계가 어떤 상태에 있는가를 관찰하는 것이다.

여기서 세계의 일반적 특징을 연구하는 목적은 결국 인간이 세계에서 어떤 지위를 차지하고 있고 어떤 역할을 할 수 있는가 하는 것을 인식하는 데 있는 만큼, 우선 인간이 살고 있는 지구부터 알아보는 것이 필요하다.

1) 거시세계

물리학에서 거시세계(Macroscopic world)란, 우리 일상에서 경험하는 보통 크기의 물체, 에너지, 시간, 공간 등을 다루는 분야이다.

① 태양과 지구

태양계는 태양을 중심으로 그 중력장(重力場) 안에서 운동하는 행성·위성·소행성·혜성[1]·운석 및 고체 미립자 등 계층이 다른 입자 집단으로 이루어져 있다. 태양계의 골격을 이루는 것은 수성·금성·지구·화성·목성·토성·천왕성·해왕성·명왕성의 9개 행성이다.

태양에 가까운 6개 행성은 밝기 때문에 오래전부터 알려졌지만, 천왕성은 1781년 F. W. 허셜, 해왕성은 1846년 J. 갈레, 명왕성은

---

1) 혜성(彗星, comet)은 태양계의 소천체 중 하나이다. 혜성은 행성이나 소행성에 비해 긴 주기를 두고 태양 주변을 크게 왜곡된 타원형 궤도로 공전하거나, 심지어는 주기가 없는 쌍곡선/포물선 궤도로 태양계를 떠돌기도 한다. 특히 태양과 가까워지면 밤하늘에서 볼 때 가스로 된 머리와 꼬리를 달고 아래로 내려가는 모습을 보이는데, 근일점에서 태양과 거리가 멀면 꼬리가 보이지 않는 경우도 있다. 구조는 중심을 이루는 핵, 핵을 이루는 성분이 태양 복사열로 녹으면서 핵 주위를 둘러싸는 가스 대기층 코마, 코마 가스로 길게 드리운 꼬리로 구성한다.

1930년 C. W. 톰보가 발견했다. 태양계 전체 질량의 99.87%는 태양이 차지하고, 나머지 0.13%의 대부분은 행성이 차지하며, 혜성(彗星, comet)은 전체의 약 1/30만으로 추정된다. 위성과 소행성의 질량은 모두 합쳐도 전체의 1/300만 이하에 불과하다.

태양계의 각운동량(角運動量)의 대부분은 목성이나 토성 등 거대 행성이 담당하며, 태양의 자전 각운동량은 전체의 약 0.5%밖에 안 된다.

태양은 우리와 가장 가까운 항성이다. 지름은 139만 2,000㎞가 넘고 지구보다 109배나 큰 천체이다. 질량은 2×10^{30}kg으로 지구의 30만 배 이상이다. 밀도는 1.4 g/cm³로 지구 밀도의 ¼ 정도이다. 지구는 암석으로 이루어졌지만, 태양의 주성분은 수소와 헬륨으로 이루어진 가스이기 때문이다. 질량비로 말하면 수소가 70%, 헬륨이 28%, 나머지 2%가 기타 원소이다(탄소, 산소, 철, 등). 원소 중에서 가장 가벼운 수소가 많으므로 밀도가 낮은 것이다.

태양과 같은 별의 중심부에는 다량의 수소 원자핵이 있는데, 이 것을 헬륨 원자핵(양성자 2개 + 중성자 2개)으로 변환하는 것이 열핵융합이다.

태양은 내부의 기압이 약 2,000억 기압이라는 엄청난 고압 상태가 되며, 가스 분자의 격렬한 충돌로 인해 온도는 약 1,600만 ℃까지 올라간다.

태양의 심부(深部)에서는 고열, 고압과 기타 여러 가지 원인으로 인해 초당 약 6억 7,500만 톤의 수소가 융합되어 헬륨으로 전환되며, 이 과정에서 그 질량의 0.7%가 에너지로 전환된 것이 바로 태양열이다. 그야말로 태양은 자연계의 안정적인 핵융합 용광로이다.

태양은 핵융합 반응을 통해 엄청난 에너지를 방출하는 항성으로, 이 에너지는 빛과 열의 형태로 지구에 도달한다. 태양이 방출하는 에너지의 1%만이 지구에 도달하지만, 이 적은 양의 에너지가 지구 생태계를 유지하는 데 충분하다.

태양과 지구의 관계는 우주적인 시각에서도 매우 중요하다. 태양과 지구는 우주에서 가장 가까운 별과 행성이다. 태양은 우리은하[2]의 중심부에 위치하며, 지구와 함께 은하의 속도와 구조를 결정한다. 또한 태양과 지구의 관계를 연구하여, 우주에서 더 넓은 시야에서 우리은하와 우주의 기원과 진화를 이해할 수 있다.

---

2) 우리은하(Our Galaxy)는 태양계가 속해 있는 은하이다. 은하수 은하(銀河水銀河, Milky Way Galaxy)은하수(銀河水, Milky Way)라고도 한다. 우리은하는 늙고 오래된 별들이 공 모양으로 밀집한 중심핵(Bulge)과 그 주위를 젊고 푸른 별, 가스, 먼지 등으로 이루어진 나선팔이 원판 디스크 형태로 회전하고 있으며, 그 외곽에는 주로 가스, 먼지, 구상성단 등의 일부 별 및 암흑 물질로 이루어진 헤일로(Halo)가 타원형 모양으로 은하 주위를 감싸고 있다.

이처럼 태양과 지구의 관계는 지구상의 생명과 문화, 우주 탐사, 기후 변화, 전기 통신 및 우주 기원 연구 등 다양한 분야에서 중요한 역할을 한다. 이에 따라 태양과 지구의 상호작용을 연구하여 더욱 안전하고 지속 가능한 지구와 우주를 만들어 나가는 연구가 필요할 뿐만 아니라, 우리 행성과 우주의 작동 원리를 이해하는 데 중요한 역할을 한다.

② 지구

지구가 출현한 것은 약 45억 년 전이라고 한다. 지구는 태양계에서 유일하게 액체 상태의 물이 존재하며, 심지어 지구 표면의 70% 정도가 바다로 덮여 있다. 이로 인해 지구에는 생명체가 탄생할 수 있었다.

지구 내부의 구조를 보면, 지각 아래에는 맨틀(mantle)[3]이, 그 아래에는 액체 상태의 뜨거운 외핵이, 가장 안쪽에는 내핵이 자리하고 있다. 이 중 외핵 덕분에 지구에는 자기장이 만들어져 우주로부터 오는 나쁜 방사선들이 차단되고, 맨틀로 인해 판이 움직이며, 현재 대륙의 모습이 되었고 지진과 화산 등의 현상이 일어나고 있다.

---

3) 맨틀(Mantle)은 지구에서는 지각 바로 아래에 있으면서 외핵을 둘러싸고 있는 두꺼운 암석층이다. 다른 행성의 경우에도 금속질의 핵을 둘러싸고 있는 두꺼운 암석층을 맨틀이라고 부른다. 지구의 경우에는 지표면으로부터 깊이 30-2,900㎞의 범위에 분포하며, 지구 부피의 80%가량 차지한다.

지구에는 적절한 중력이 작용해 동식물들이 숨 쉬며 살아가기 충분한 대기가 갖춰져 있다. 대기의 성분은 질소가 약 79%, 산소가 약 21%, 그 외 수증기, 이산화탄소 등이 1% 정도를 차지하고 있으며, 지구의 중력에 붙들려 있는 건 지구 위의 물질들만은 아니다. 지구 밖의 달(月) 역시 지구의 중력에 붙들려 지구 주위를 도는 위성이 되었다. 특히 지구 자전축은 약 23.5° 기울어져 있는데, 이 기울기가 유지될 수 있는 건 달과 지구가 서로 인력이 작용해 균형을 이루고 있기 때문이다.

지구는 처음 약 10억 년 동안 무기물질로부터 유기물질로, 저분자 유기물질로부터 고분자 유기물질 그리고 생명을 체현할 수 있는 단백체와 핵산과 같은 생분자로 진화하였다. 이와 같은 화학적 진화과정을 거쳐 마침내 가장 단순한 생명체가 발생하였다.

생명체의 발전이 얼마나 어려운 것인가에 대한 권위 있는 천문학자는 10억의 10억 배(백만 조 배)의 지구에서 10억의 10억 배의 연한에 걸쳐 10억의 10억 배의 실험을 하여 겨우 한 번 발생할 수 있을까 말까 하는 정도라고 말한다.

지구와 태양과의 거리는 약 1억 5천만 km인데 빛의 속도로 약 8분 걸린다.

달은 지구를 돌고 있는 위성으로서의 질량은 지구의 81분의 1, 체적(體積)은 5분의 1 정도 된다.

그러면 태양은 우주에서 어떤 위치를 차지하고 있는 존재일까? 태양은 보통 우리가 말하는 은하수, 즉 우리 은하계 우주에 속해있다. 사실 은하수는 태양과 같은 항성들이 집중되어 금빛 강처럼 보일 뿐이다. 밤하늘에 빛나는 항성들은 다 태양과 같이 불타는 별들로서 모두 다 태양과 마찬가지로 자기의 행성들을 거느리고 있다. 그러니까 항성이 있고, 항성을 도는 행성이 있고, 또 행성을 도는 위성이 있는 셈이다.

③ 은하계 우주

우리 은하계 우주는 직경이 한 10만 광년 정도 되는 크기이다. 여기서 기본은 우리 은하계 우주의 중심으로부터 반경 4만 광년 정도의 영역에 약 90%의 항성이 집중되어 있는 것들인데 그것이 바로 은하수로 보이는 것이다.

태양은 은하계의 중심으로부터 약 3만 광년 정도 떨어져 있는데, 태양이 은하계를 도는데 약 2억 5천만 년 정도 걸린다.

그러면 우리 태양계가 속해있는 은하계라고 하는 것이 우주의 전부가 아니라는 것이다. 대우주는 우리 은하계와 같은 수천 개의 은하들로 이루어져 있다. 이러한 은하계들도 집단을 이루고 은하계의 중심을 돌고 있다. 그러한 국부 은하단의 직경은 1,000만 광년인데 여기에는 약 1만 개의 은하계가 속해있다고 한다. 초속 500㎞의 속도로 대은하계의 중심을 도는데 그 주기는 1만억 년가량 걸린다고 한다.

④ 대우주

대우주는 그 크기가 어느 정도일까? 한 200억 광년의 것이라고 들 하는데, 사실 100광년 이상은 우리가 볼 수 없다. 100억 광년의 크기를 넘어서면 우주가 빛의 속도로 팽창해 나가기 때문에 우리가 빛의 속도를 이용하여 관측할 수 없게 되기 때문이다. 천문학자들은 아마도 간접적인 방식으로 대우주를 200억 광년의 크기라고 보는 것 같다.

우주는 끝이 있을 수도 있고 또 없을 수도 있다. 우리에게는 끝이 있다는 것도 이해가 안 되고 끝이 없다는 것도 이해가 안 된다. 그러나 물질이 존재하는 공간은 끝이 있을 수도 있다. 이 경우 그다음에는 아무것도 없는 빈 공간이 있을 수 있는데 이를 무(無)라고 할 것이고, 무가 계속된다고 할 것이다.

칸트는 세 권의 책을 집필했는데 《순수이성 비판》, 《실천이성 비판》, 《목적론》 등이다. 여기서 그는 실천이성이 순수이성보다 위에 있어야 한다는 논리를 폈다. 이 논리를 통해 칸트는 물질이 무엇인지 알 수 없는 네 가지를 들었다.

그 첫 번째가 세계는 "유한한가, 무한한가?"라는 질문을 했다.[4] 하지만 우주가 무인가 유인가 하는 것은 그리 따질 필요가 없는 문제이다. 왜냐하면 200억 광년이라고 해도 사실 무한한 것과 비슷하기 때문이다. 그러나 무한하다고 결론을 내릴 수도 있다.

이미 동양에서는 12세기에 남송의 주희(朱熹)가 집대성한 유학의 주류 학파인 성리학의 여러 개념 가운데 가장 논란의 중심에 있는 것이 "무극이태극"(無極而太極)이라는 글귀다. 이 말은 "무극은 태극이다" 즉 "큰 끝은 끝이 없다" 즉 우주의 끝은 무한하다는 뜻이다.

화담 서경덕의 태허설(太虛說)에는 〈太虛虛而不虛 虛卽氣 虛無窮無外 氣亦舞窮無外〉라는 구절이 있다. 즉, 「태허」는 비어 있으면서도 비어 있지 아니하니, 「허虛」는 곧 「기氣」이기 때문이다. 「허」는 끝도 없고 가도 없는데, 「기」도 역시 끝도 없고 「가(外)」도 없다 라고 하였다. 이를 보면 '태허', 즉 하늘(우주)은 무한하다는 의미로 볼 수도 있다.

2) 미시세계

미시세계는 원자나 분자와 같은 극소한 크기의 물질이나 전자, 중

---

4) 칸트의 4가지 질문은 첫째, 세계는 유한한가 무한한가? 둘째, 단순한 것으로 되어 있는가 복잡한 것으로 되어 있는가? 셋째, 자유가 있는가 없는가? 넷째, 절대적인 존재인 신이 있는가 없는가? 이 네 가지는 증명도 못하고 알 수도 없다고 했다.

성자, 양성자와 같은 입자들이 움직이는 공간과 시간을 다루는 분야이다. 미시세계에서는 양자역학과 같은 물리 법칙이 적용되며, 이는 매우 다양하고 복잡한 물리적 현상을 설명할 수 있다.

거시세계와 미시세계는 서로 다른 물리 법칙이 적용되기 때문에 같은 대상이라도 서로 다른 방식으로 다루어진다. 이러한 이유로 거시세계에서는 일상적인 경험과 직관적인 이해를 바탕으로 물리 현상을 다루게 되고, 미시세계에서는 양자역학과 같은 수학적인 이론과 계산을 기반으로 복잡한 물리 현상을 다루게 된다.

눈에 보이지 않는 미시세계는 우리 주변에서 직접 볼 수 없지만, 세상을 움직이는 근본적인 원리를 이해하는 데 중요한 영역이다. 미시세계는 보통 우리가 눈으로 볼 수 있는 범위를 벗어난 아주 작은 단위의 세계를 뜻하며, 여기에는 원자, 분자, 입자 등이 포함된다. 이 미시세계를 탐구하는 학문은 주로 물리학, 화학, 생물학 등을 포함한 다양한 과학 분야에서 다루어진다. 오늘날 우리의 일상 속 기술, 건강, 자연에 대한 이해는 미시세계에 대한 지식에 크게 의존하고 있다.

① 원자와 분자의 세계

우주는 우리가 볼 수 있는 거대한 천체에서부터 현미경으로만 볼 수 있는 작은 입자까지 다양한 크기와 복잡성의 물질로 구성되어 있다. 원자와 분자는 물질의 가장 기본적인 구성요소로서 우리가 경험하는 모든 것을 구성한다. 이들의 구조, 성질, 상호작용을 이해하는 것은 우리의 세계에 대한 이해를 쌓는 데 필수적이다.

원자와 분자의 미시세계는 우주의 기본 구성요소를 구성하며, 우리가 알고 있는 모든 것을 형성하는 근본적인 힘과 상호작용을 밝혀 준다.

원자는 물질의 가장 작은 단위로서 핵과 그 주변을 도는 전자로 구성되어 있다. 핵은 양성자와 중성자로 구성되며, 전자는 음전하를 띤다. 모든 물질은 서로 다른 수의 원자를 포함하는 다른 원소로 구성되어 있다.

원자는 종종 화학 결합을 형성하기 위해 서로 결합한다. 분자는 두 개 이상의 원자가 공유 또는 이온 결합된 것이다. 수백만 개의 원자가 결합하여 거대한 분자를 형성할 수도 있다. 물(H_2O), 이산화탄소(CO_2), 소금($NaCl$)과 같은 생명에 필수적인 물질은 모두 분자이다.

원자와 분자에 대한 이해는 현대 기술 분야에 혁명을 일으켰다. 나노기술은 원자와 분자를 조작하여 새로운 재료, 장치, 의료 치료법을 개발한다. 분광학은 물질의 구성과 구조를 분석하는 데 사용되는 빛과 물질 간의 상호작용을 연구한다.

원자와 분자의 세계를 탐험하는 것은 지속적인 과정이다. 입자가 속기와 전자현미경과 같은 도구를 사용하여 과학자들은 물질의 기본적 특성을 연구하고 새로운 발견을 하고 있다. 양자역학은 원자와 분자의 파동-입자적 이중성과 대규모 물체에는 적용되지 않는 독특한 행동을 묘사한다.

원자와 분자의 세계 탐험은 인간 지식의 한계를 넓히는 지속적인 여정이다. 이러한 기본 구성요소에 대한 이해를 쌓으면서 우리는 우주의 본질, 우리가 살고 있는 물질의 복잡성, 기술의 잠재력을 더 깊이 파헤치고 있다. 원자와 분자의 세계는 우리의 존재를 형성하는 미시적 우주이며, 그 탐험은 인류의 미래를 밝히는 길을 열어준다.

② 양자 세계

미시세계를 깊이 탐구하면 양자물리학의 영역으로 들어가게 된다. 양자물리학은 원자 및 더 작은 입자들이 어떻게 움직이고 상호작용하는지를 설명하는 학문이다. 이 영역에서는 고전 물리학의 법칙들이 더 이상 유효하지 않으며, 양자역학이라는 새로운 법칙이 적용된다.

양자역학은 20세기 초, 막스 플랑크의 흑체 복사 문제 해결을 시작으로 발전하기 시작했다. 이후 아인슈타인이 광양자 이론을 통해 빛의 입자성을 증명했고, 닐스 보어[5]는 원자의 구조를 설명하는 모델을 제시하면서 양자역학이 정립되었다.

양자역학에서 대표적인 개념은 입자-파동의 이중성이다. 이는 빛이나 전자가 동시에 입자이면서도 파동처럼 행동할 수 있다는 사실을 설명한다. 우리가 익히 아는 물질들이 이러한 양자적 성질을 가지고 있다는 사실은 매우 신비롭고 놀라운 일이다. 또한, 양자역학의 기본 개념인 불확정성 원리에 따르면, 입자의 위치와 운동량을 동시에 정확히 알 수 없다는 원리도 적용된다.

양자 세계는 그 신비로움과 함께 우리가 알고 있는 많은 것들을 도전하는 영역이다. 양자역학의 발전은 우리의 과학적 이해를 확장시킬 뿐 아니라 기술적 혁신을 통해 일상생활에 변화를 가져올 가능성이 크다. 이러한 변화는 점점 더 가까워지고 있으며, 미래에는 양자 기술이 우리의 삶을 어떻게 변화시킬지 기대가 된다.

양자의 세계는 여전히 많은 미지의 영역을 가지고 있으며, 우리

---

5) 닐스 헨리크 다비드 보어(Niels Henrik David Bohr 1885.10.7.~ 1962.11.18.)는 덴마크의 물리학자이다. 원자 구조의 이해와 양자역학의 성립에 기여했으며 훗날 이 업적으로 1922년에 노벨 물리학상을 받았다. 보어는 또한 철학자이자 과학적 연구의 발기인이기도 했다.

보어는 원자의 보어 모형을 개발했는데, 전자의 에너지 준위는 이산적이며, 전자는 원자핵 주위의 안정적인 궤도를 돌지만 한 에너지 준위(또는 궤도)에서 다른 에너지 준위로만 이동할 수 있다고 제안했다. 보어 모형은 후에 다른 모형으로 대체되었지만 그 기본 원칙은 여전히 유효하다. 그는 상보성 원리를 고안했다. 상보성의 개념은 과학과 철학 모두에서 보어의 생각을 지배했다.

모두가 그 비밀을 풀어나가는 과정에 참여하고 있다는 점에서 특별한 의미를 지니고 있다. 양자 세계의 신비와 응용에 대한 이해는 앞으로의 과학과 기술의 발전에 중요한 기여를 할 것이며, 이는 우리가 미시세계를 이해하는 데 중요한 역할을 한다.

③ 미생물과 세포의 세계

미시세계는 원자와 분자뿐만 아니라 미생물과 세포와 같은 생명체의 기본 단위도 포함한다. 세포는 모든 생물의 기본 단위로, 매우 작아서 현미경을 통해서만 볼 수 있다. 미생물은 주로 단세포 생명체로, 우리 눈에 보이지 않지만 환경과 건강에 막대한 영향을 미친다.

미생물은 현미경으로만 볼 수 있을 정도의 작은 생명체로서 세균, 바이러스, 곰팡이, 원생동물 등을 포함한다. 이들은 지구상의 거의 모든 환경에 존재하며, 다양한 형태와 크기를 가지고 있다. 미생물은 우리 몸 안팎에서 다양한 역할을 수행하며, 생태계의 중요한 구성원으로 활동한다.

미생물의 종류로는 세균(Bacteria), 바이러스(Virus), 곰팡이(Fungi), 원생동물(Protozoa) 등이 있다. 이들 미생물은 우리 생활과 생태계에 중요한 역할을 한다.

앞으로 미생물 연구는 새로운 약물 개발, 환경 보호, 식량 생산 등 여러 분야에서 큰 잠재력을 가지고 있다. 그들의 세계를 이해하고 연구하는 것은 인류의 건강과 환경 보호에 필수적이다.

세포와 미생물의 세계 속에서는 놀라운 생명의 이야기가 펼쳐지고 있다. 우리는 이 작은 세계를 탐험하며 새로운 지식을 얻고, 더 건강하고 지속 가능한 미래를 위한 발전에 기여할 수 있을 것이다

④ 미시세계가 우리의 삶에 미치는 영향

미시세계는 우리가 살아가는 세상을 깊이 이해하고 발전시키는 데 큰 역할을 하고 있다. 예를 들어, 나노 기술은 미시세계에서 일어나는 현상을 응용하여 다양한 분야에 혁신을 가져왔다. 나노 기술은 의학, 전자, 에너지, 환경 등 다양한 분야에서 사용되며, 특히 의료용 나노로봇은 미래의 혁신적인 치료법으로 주목받고 있다.

또한, 미시세계의 이해는 현대 전자기기의 발전에도 기여했다. 반도체 기술은 미시세계에서의 전자의 움직임을 이용한 기술로써 오늘날의 컴퓨터, 스마트폰 등 전자기기의 핵심 기술이다. 양자 컴퓨터도 이러한 양자물리학의 원리를 응용한 차세대 컴퓨터 기술로써 현재 연구가 활발히 진행 중이다.

미시세계는 우리 일상의 모든 것의 근본을 이루는 세계이다. 원자, 분자, 세포, 양자 입자 등으로 이루어진 이 세계는 매우 작지만,

그 영향력은 엄청나다.

　미시세계를 탐구하는 것은 단순한 호기심을 넘어서 인류의 기술 발전과 자연에 대한 이해를 가능하게 한다. 눈에 보이지 않지만, 이 작은 세계가 바로 우리가 살아가는 세상의 기초가 된다는 점에서 매우 중요하다.

2. 신비로운 우주 현상과 우주의 신비

우주는 우리 생활과는 다소 멀어 보이지만, 실제로 우리 일상에는 우주와 관련된 상식들이 많이 존재한다. 이러한 지식은 우리 일상의 호기심을 충족시키고 새로운 관점으로 우리 위성이나 별을 바라볼 수 있는 기회를 제공할 것이다.

1) 우주 중력의 힘

우리는 중력을 익히 알고 있는 이론이지만, 실제로 중력은 어떻게 작용하는 것일까? 중력은 모든 물체 사이에서 서로를 끌어당기는 힘이며, 이로 인해 우리가 땅에 붙어 있을 수 있고, 지구가 공전하는 등의 현상이 발생한다. 중력은 우주에서도 작용하며, 행성들이 서로를 매혹적인 관계로 이어주는 역할을 한다.

중력은 질량을 가진 모든 물체 사이에 작용하는 힘이다. 뉴턴의 만유인력 법칙에 따르면, 두 물체 간의 중력은 두 물체의 질량에 비례하고, 그 사이 거리의 제곱에 반비례한다. 이 법칙은 지구상의 물체뿐만 아니라 우주에서의 물체 간 상호작용을 이해하는 데 필수적이다.

이는 우주에서 가장 널리 알려진 기본적인 힘 중 하나로, 중력은 우리 주변에서 다양한 형태로 나타나는데 다음과 같은 현상들이다.

① 물체의 낙하
② 지구의 공전과 자전
③ 조석(潮汐, tide) 현상
④ 인간과 동물의 체중

2) 블랙홀의 신비

우주에서 가장 신비로운 대상 중 하나인 블랙홀은 무게가 큰 별이 그 자체 중력에 의해 붕괴되어 형성된 것으로, 중력이 아주 강력해져 모든 것을 흡수한다. 블랙홀은 빛마저 흡수하기 때문에 눈으로 볼 수 없지만, 주변의 물체가 흡수되는 모습을 관측할 수 있다.

우주 블랙홀은 사건의 지평선(事件의 地平線)[6]이라는 경계로 둘러싸

---

6) 사건의 지평선(事件의 地平線 : event horizon) 또는 사상의 지평선(事象의地平線)이란 일반 상대성 이론에서, 그 내부에서 일어난 사건이 그 외부에 영향을 줄 수 없는 경계면이다. '선'이라고 부르지만 실제로 선은 아니다. 가장 흔한 예는 블랙홀의 바깥 경계, 즉 블랙홀 주위의 사상의 지평선이다. 외부에서는 물질이나 빛이 안쪽으로 빨려 들어갈 수 있지만, 내부에서는 블랙홀의 중력에 의한 붕괴속도가 탈출하려는 빛의 속도보다 커지므로 내부로 들어온 물질이나 빛은 사건의 지평선(이벤트 호라이즌)으로 해서 외부로 빠져나갈 수 없게 된다.

인 극도로 밀집되고 거대한 중력체이다. '사건의 지평선' 안쪽으로 들어가는 물체나 빛은 너무 강한 중력 때문에 탈출할 수 없다. 따라서 '블랙홀'이라는 이름이 붙었다.

이러한 블랙홀이 실제로 존재하는지에 대한 문제는 20세기 물리학계와 천문학계의 오랜 난제였다. 다시 말해, 사건의 지평선이 노출될 정도로 천체의 밀도가 클 수 있느냐의 문제이다. 이에 관한 이론은 1939년 오펜하이머의 연구에 의해서 처음 만들어졌는데, 특정 질량을 가진 별의 수명이 다하면 자체 중력을 버티지 못하고 하나의 점으로 수축하면서 블랙홀을 형성한다는 것을 증명하였다. 블랙홀의 존재는 1960년대 후반 그러한 질량을 가진 천체를 관측함으로써 입증되었다.

블랙홀은 별이 폭발하여 붕괴되면 형성된다. 별의 핵이 너무 무거우면 핵융합 반응을 유지할 수 없게 되고 자중(自重)에 의해 붕괴된다. 이 붕괴는 너무 빠르게 진행되어 별의 핵이 블랙홀로 축소되고, 나머지 질량은 우주의 공간으로 날아간다.

블랙홀 주변에서는 시간과 공간이 왜곡된다. 블랙홀에 가까워질수록 시간이 느려지고 공간이 휘어진다. '사건의 지평선'에서 시간은 거의 정지되고 공간은 극도로 휘어진다. 이러한 왜곡으로 인해 블랙홀은 빛의 속도보다 빠르게 움직이는 물체를 포획할 수 있다.

블랙홀은 부피(체적)는 작지만, 질량은 크기 때문에 다른 물질을 끌어당기는 힘이 그만큼 강하다. 우주 블랙홀은 우리 우주의 가장 신비로운 현상 중 하나로, 별들의 생명 주기가 끝날 때 형성되는 빛조차 빠져나갈 수 없는 영역이다. 이 거대한 우주적 짐승들은 우주의 직물(The fabric of the universe)을 왜곡하고, 주변 공간에 강렬한 중력장을 생성하며, 가까이 다가가는 모든 것을 파괴한다.

블랙홀은 우주의 가장 신비롭고 매력적인 현상 중 하나로 남아 있다. 과학자들은 블랙홀 내부의 물리 법칙, 그들의 진화 및 성장, 그리고 우주에서의 역할을 밝히기 위해 계속해서 그들을 연구하고 있다. 블랙홀은 우리 우주에 대한 이해에 지속적인 과제와 궁극적 미스터리를 제공하며, 앞으로도 수년 동안 과학자들과 일반인 모두를 사로잡을 것이다.

3) 우주 팽창

우리가 알게 된 가장 혁명적인 우주 이론 중 하나는 우주 팽창이다. 알버트 아인슈타인이 이론을 세웠으며, 이후 관측을 통해 우주가 계속해서 확장되고 있음을 알게 되었다. 이는 큰 폭으로 우주가 더 넓어지고 있다는 것을 의미하며, 이러한 현상은 빅뱅 이론을 뒷받침한다. 우리가 살고 있는 우주는 점점 더 커지고 있는 것이다.

우주 팽창(cosmic expansion)이란 우주 공간상의 서로 다른 두 지점 사이의 거리가 시간이 지남에 따라 증가하는 현상이다.

대형 망원경이 만들어짐에 따라 10억 광년 저쪽의 은하도 관측할 수 있게 되었다. 그 결과 먼 곳에 있는 어두운 은하일수록 개개의 원소 스펙트럼 선(spectrum lines)이 한결같이 붉은색 쪽에 가깝다는 사실을 알아냈다. 적색편이 효과를 적용해 볼 때 이 관측 결과는 멀리 있는 은하가 점점 후퇴하고 있다는 (지구로부터 멀어져 간다) 것을 나타내고 있다.

선 스펙트럼 편재(line-spectrum ubiquity)에서 구해진 후퇴 속도는 그 은하까지의 거리에 거의 비례하고 있다. 이것을 '허블(Hubble) 법칙'이라 한다. 이 사실은 우주가 약 100억 년쯤 전에는 현재보다 훨씬 작았으나, 그 후 팽창을 계속하고 있다는 것을 암시하고 있다.

이 이론을 팽창우주론이라 한다. 실제로 아인슈타인의 일반 상대성 이론에서도 우주가 팽창하고 있다는 해석을 얻을 수 있다. 또 방사성 우라늄에서 생긴 납의 동위원소비의 측정에 의한 연대 측정법에 의해 운석의 연령은 약 45억 년 정도라고 추측하고 있다. 이 결과는 지구나 태양계의 나이를 나타내는 것이다.

1965년 벤 디아스와 윌슨이 우주 통신 위성으로부터 전파를 수신하는 안테나의 잡음을 조사하고 있을 때, 천체의 어느 방향으로 안테나를 돌려도 불가사의한 잡음이 남아 있다는 것을 알았다.

이와 같은 현상은 우주는 아득한 옛날에는 뜨거운 불덩어리였으며, 그것이 점점 냉각되어 현재는 우주 전체에 3K(3K radiation)[7]의 복사가 이루어지고 있다고 생각하면 이해하기 쉽다. 이것은 미국 콜로라도대학교 가모브 교수(1904~1968)가 1946년에 제창한 이론이다. 우주배경복사, 우주흑체복사라고도 한다

우주의 운명은 과학자와 일반인 모두에게 큰 관심을 끄는 주제이다. 우주의 팽창 속도와 포함된 물질의 양에 따라 우주의 운명에 대한 세 가지 가능한 시나리오가 있다. 팽창률이 계속 가속되면 우주는 결국 은하들이 빛의 속도보다 빠르게 서로 멀어지는 지점에 도달하고 우주는 차갑고 어두워질 것이다. 팽창 속도가 느려지다 결국 멈추면 우주는 스스로 붕괴하여 '빅 크런치'로 이어진다. 우주의 팽창률이 일정하게 유지된다면 무한히 계속 팽창할 것이다.

우주 팽창의 또 다른 의미는 은하와 대규모 구조의 형성이다. 과

---

7) 3K복사란 우주배경복사, 우주흑체복사라고도 한다. 우주에는 항성이 복사하는 전파, 은하계 안에서 발생하는 전파 이외에 우주 전체를 일정하게 채우고 있다고 여기는 전파가 있다. 그 전파의 강도가 절대온도로 약 3K에 해당하는 데서 3K복사라 불린다. 1965년 미국의 펜지어스와 윌슨에 의해 발견되었다.

학자들은 우주 인플레이션 동안 생성된 초기 우주의 초기 밀도 변동이 은하와 은하단을 형성했다고 믿는다. 이러한 구조에 대한 연구는 우주의 본질과 진화에 대한 귀중한 통찰력을 제공한다.

우주의 팽창을 연구하려면 정교한 장비와 기술이 필요하다. 천문학자들은 우주의 팽창률을 측정하기 위해 적색편이 측정[8] 및 우주 마이크로파 배경복사[9] 연구와 같은 다양한 방법을 사용한다. 이러한 측정을 통해 우리는 우주의 진화와 운명을 이해할 수 있었다.

우주의 팽창은 우주론에서 가장 흥미로운 현상 중 하나이다. 그것의 발견은 우주와 그 진화에 대한 우리의 이해에 혁명을 일으켰다. 우주 팽창에 대한 연구는 암흑 물질과 암흑 에너지의 발견으로 이어졌고, 천체 물리학과 우주론 연구의 새로운 길을 열었다. 우주의 신비에 대한 답을 찾는 일은 계속되고 있으며, 우리는 우주의 팽창이 이 탐구에서 중심적인 역할을 할 것이라고 확신할 수 있다.

---

8) 적색편이 측정은 우주 팽창을 연구하는 데 가장 중요한 도구 중 하나다. 물체가 우리에게서 멀어지면 그 빛은 더 긴 파장으로 이동하거나 '적색편이'가 된다. 먼 은하의 적색편이를 측정함으로써 천문학자들은 우리로부터의 거리와 상대 속도를 결정할 수 있다. 이 정보는 우주의 팽창률을 계산하는 데 사용된다.
9) 우주 마이크로파 배경복사(CMB)는 빅뱅에서 남은 잔류 복사다. 이 방사선은 우주가 불과 38만년밖에 되지 않았을 때의 스냅샷을 제공한다. CMB를 연구함으로써 천문학자들은 우주의 기하학과 팽창률을 결정할 수 있다.

3. 우주의 특징은 인간의 운명과 어떻게 관계되는가?

1) 자연의 퇴보적 운동과 인간의 진보적 운동

옛날 사람들은 태양을 영원한 존재로 생각하였다. 그러나 과학이 발전하면서 태양도 수명이 있고 원자와 분자, 소립자도 다 수명이 있다는 것이 밝혀졌다.

태양이 형성된 것은 약 45억 년 전으로 추측되는데 태양의 수명은 약 100억 년이라고 보고 있다. 19세기 말 20세기 초만 해도 태양이 앞으로 약 50억 년 후에는 빛을 내지 못해 모든 생물이 다 얼어 죽게 된다고 생각하였다.

그러나 지금은 태양의 생애가 좀 더 상세하게 연구되고 있다. 지금 태양의 중심부의 수소는 절반가량 타서 헬륨으로 되어 수소의 양이 태양 탄생 시에 비하여 절반으로 감소되었고, 중심부의 열이 올라가 전체적으로 약 10% 정도 커졌다고 한다.

이런 경향으로 나가면 15억 년 후에는 중심 온도가 더욱 상승하고 핵융합이 왕성하게 되어 태양이 더욱 밝아지게 된다. 이렇게 되면 지구의 북극과 남극의 얼음이 다 녹아 해수면이 수십 미터 상승하게 된다.

50억 년 후에는 태양 중심의 수소가 다 헬륨으로 변하고 헬륨으로 이루어진 중심 주위의 수소가 타면서 태양 전체가 팽창되어 밝기는 현재의 500배로 되고 반경은 100배로 늘어나 수성 궤도도 포함하게 된다. 그때 표면 온도는 4,000도가량 되는 거대한 별로 된다. 이렇게 되면 인류는 지구에서는 살 수 없게 되어 해왕성 부근으로 피난하지 않으면 안 된다. 그다음에는 헬륨의 중심핵이 중력의 수축으로 열이 1억 도까지 높아지게 되면 헬륨이 타게 된다.

그렇게 되면 그 열이 수소가 탈 때와는 비교가 안 되게 높기 때문에 태양의 외곽을 뚫고 폭발적으로 가스를 우주 공간에 분출하게 된다. 이렇게 하여 핵반응 물질이 없어져 버리게 되면 태양은 백색왜성(白色矮星, white dwarf)으로 작아져서 사멸하게 된다고 한다. 이로써 태양의 일생은 끝나는데 그것이 약 100억 년 걸린다고 한다.

태양 사멸과 관련하여 비관주의적인 견해를 유포시키는 사람들은 처음에는 인류가 다 얼어 죽는다고 하였다가 오늘날에 와서는 뜨거워진 태양을 피할 수 없어서 다 타죽는다고 하고 있다. 이전 사람들은 태양열의 원천이 무엇인지를 알지 못했으나 오늘날에 와서는 그것이 수소 핵반응의 결과라는 것을 알게 되었을 뿐 아니라 수소 핵반응을 일으키는 기술까지 개발하게 되었다.

이것은 태양이란 결코 신비로운 존재가 아니며 앞으로 인간의 과학기술 수준이 더욱 높아지게 되면 태양의 운동 자체를 인간이 관리할 수 있게 될 수도 있다는 것을 말해주고 있다.

인류가 자연에 대한 과학적 인식에 기초하여 위력한 기계기술 수단들을 제작하여 사회 발전에 이용하게 된 역사적 모범의 시초는 19세기 후반기부터 시작하여 19세기 전반기에 완성된 산업혁명에서 찾아볼 수 있다. 산업혁명 시기부터 오늘날에 이르기까지 불과 수백 년 사이에 인간의 과학기술 수단은 매우 빠른 속도로 발전하여 왔다.

일부 과학자들은 앞으로 200만 년 후에는 우리가 속해있는 은하계 우주를 인간이 자기의 생활환경으로 만들고 관리할 수 있게 될 것이라고 주장하고 있다. 그러므로 50억 년 후에 사멸하게 될 태양의 운명에 대하여 지금부터 걱정할 필요는 전혀 없다.

태양의 운명 문제와는 달리 우주의 시원에 대해서는 아직 철학적으로 납득할 만한 과학적 인식의 확고한 결론은 없다.

지금 가장 널리 유포되고 있는 것은 약 140억 년 전에 대폭발이 일어났으며 그 후 우주가 계속 팽창해 나가고 있다는 학설이다. 초고온, 초고밀도 상태에서 대폭발이 일어났으며 저온, 저밀도 상태로 우주가 계속 팽창해 가고 있는 상태라는 것이다. 물론 이것은 하나의 가설이다. 대폭발이 일어났다는 것을 증명할 방법은 없다. 만일 대폭발이 있었다는 것이 틀림없는 사실로서 확증된다면 우주의 운동, 변화에 관한 철학적 가설도 세울 수 있을 것이다.

팽창설 주창자들의 의견에 의하면 우주가 계속 팽창되어 열이 우주에 다 흩어지고 우주의 물질 밀도가 낮아지게 되면 은하계가 다 해체되고 마지막에는 모든 물질이 다 분화되어 원시 물질로 환원되어 버린다고 한다. 이렇게 되면 우주 물질의 팽창 운동은 중지되고 수축 운동으로 전환될 수 있다고 한다.

우주의 수축 운동 과정에서 다시 은하계가 형성되었다가 수축 운동이 계속되면 마지막에는 역시 모든 물질이 파괴되고 원시 물질 상태로 환원되어 초고온, 초고밀도 상태로 되어 폭발하게 된다는 것이다.

물론 학자들이 모두 다 이렇게 설명하는 것은 아니지만, 그들의 주장은 참고로 하여 철학 원리에 따라 정리하면 이렇게 말할 수 있다고 본다.

일부는 대폭발로 우주가 처음으로 탄생한 것처럼 주장하고 있지만 그전에는 우주가 없었을까? 그럴 수 없다. 비록 대폭발설이 옳다고 하더라도 그러한 폭발이 반복되었다고 보아야지 단 한 번의 폭발로 우주가 발생하였다고 생각하는 것은 잘못이다. 더구나 일부 사람들은 아무것도 없는 것으로부터, 즉 무로부터 우주가 발생하였다고까지 주장하고 있다.

무에서 유가 나온다는 것을 믿는 사람은 과학적인 인식 자체를 부정하는 사람이다. 즉 지금과 같은 상태에서는 없던 것이 새로 발생하였다고 주장하는 것은 옳지만, 무에서 유가 나왔다고 주장하는 것보다 더 비현실적인 것을 믿는 비과학적인 사고방식은 없다. 이런 사고방식은 결국 인간의 합리적인 사고방식 자체를 부정하는 것이다. 그리고 합리적인 사고방식을 부정하는 사람들은 인간이 가장 발전된 존재라는 자각과 자존심이 부족한 사람들이라고 볼 수 있다.

우주는 양적 크기 면에서 보면 끝이 없지만, 발전 수준의 견지에서 보면 단순하고 저급하기 짝이 없다. 우주를 대표하는 것은 가장 발전된 존재인 인간이 신비화할 대상이란 있을 수 없다.

자연계에서는 양이 지배한다. 자연의 모든 운동에서 질량이 큰 것을 중심으로 하여 질량이 작은 물질이 돌고 있는 것을 보아도 양적 크기에 의하여 상호작용이 지배되고 있다는 것을 알 수 있다. 우주 운동에서 지배적인 작용을 하는 인력은 결국 물질의 양적 크기를 대표하고 있는 것이다. 인력과 척력 같은 단순한 운동에 무슨 신비성이 있다고 볼 수 있겠는가?

물질세계에서 가장 고급한 운동을 하는 것은 인간이다. 그렇기 때문에 인간이 지구상에서 지배적인 지위를 차지할 수 있게 되었다. 지금 물질 운동에서 발전을 대표하고 있는 것은 인간의 생존과 발전을 실현해 나가는 인간의 생존 운동이다. 자연은 자꾸 팽창해 나가면서 열을 쓸모없는 것으로 만들고, 자연의 운동능력을 약화시키는 방향에서, 즉 자연을 퇴보와 사멸로 이끌어가고 있지만 인간은 정반대로 인간을 중심으로 열을 집중시키며 물질의 운동능력을 강화 발전시켜 나가고 있다. 자연의 퇴보적 운동과 인간의 진보적 운동 사이의 경쟁이 시작된 것이다.

발전된 고급한 존재와 발전하지 못한 저급한 존재 사이의 경쟁에서 발전된 고급한 존재가 승리한다는 것은 필연적이다. 인간의 발전수준은 아직 초보적인 단계에 있으며 인간의 힘은 미약하다. 그럼에도 불구하고 지구에서는 벌써 인간의 자주적 지위와 창조적 역할이 뚜렷하며 인간의 승리가 확정적이다.

인간의 발전은 가속적이며 빨라져 수백억 년 후의 인간의 창조적 위력은 오늘날로서는 상상할 수 없게 커질 것이며, 세계에서 차지하는 인간의 자주적 지위와 창조적 역할이 태양계를 벗어나 소은하계로, 소은하계로부터 대은하계로 확대되리라는 것은 의심할 바 없다. 중요한 것은 저급한 자연을 신비화할 것이 아니라 인간 자신을 더욱 빨리 발전시키기 위하여 진지하게 노력하는 것이다.

인간의 과학적 인식능력과 창조적 역할의 발전에는 끝이 있을 수 없으며, 인간이 자연을 자기 요구에 맞게 개조하여 인간을 중심으로 우주를 발전시켜 나가는 창조적 활동에도 끝이 있을 수 없다.

현재의 인간이 차지하는 지위와 역할이 미래에 가서도 그대로 있을 것처럼 생각하는 것은 잘못이다. 우주가 변하는 것보다 인간의 변화 발전 속도가 비할 바 없이 빠르기 때문에 인간이 자기의 숭고한 역사적 사명을 망각하고 자만 도취하여 안일 해이함이 없이 계속 진지하게 노력한다면, 인간의 미래는 끝없이 휘황찬란하다고 단언할 수 있다.

2) 테라포밍 사업

미국 우주기업 스페이스X의 창업자인 일론 머스크는 화성에 인류를 이주시킨다는 꿈을 갖고 있다. 이를 위해 대형 우주로켓도 개발하고 있어 머지않아 인류가 화성에 착륙하는 모습을 볼 수 있을 전망이다.

과학자들이 머스크의 꿈을 현실로 만들 방법을 찾고 있다.

바로 '테라포밍(Terraforming, 지구화)'[10]이다. 이름 그대로 행성을 지구(Terra. 지구를 뜻하는 라틴어)처럼 만드는 기술이다.

---

10) 참고 자료: Science Advances(2024), DOI: https://doi.org/10.1126/sciadv.adn4650

Nature Astronomy(2019), DOI: https://doi.org/10.1038/s41550-019-0813-0

Journal of Geophysical Research: Planets(2005), DOI: https://doi.org/10.1029/2004JE002306

화성에 온난화를 유발해 얼음을 녹여 물이 흐르게 하고, 미생물이 광합성을 해 산소를 생산하는 것이다. 화성이 제2의 지구가 될 수 있을까?

이 매혹적인 질문에 대한 답은 아직까지는 미지수이다. 하지만 과학기술의 발전으로 인해 우리는 이전에 상상도 못한 일들을 이루어 낼 수 있게 되었다.

화성은 현재 우리에게 매우 적합하지 않은 환경이지만, 테라포밍을 통해 이를 변화시킬 수 있다는 가능성을 열어놓았다. 테라포밍은 화성의 대기, 온도, 지형 등을 인간이 살기에 적합한 환경으로 변화시키는 과정이다. 테라포밍 화성은 인류의 꿈이자 도전이다.

이를 통해 우리는 우주 개척의 한계를 넘어서고, 새로운 세계를 창조할 수 있다. 테라포밍 화성은 미래의 가능성을 열어놓은 대단한 도전이다.

에드윈 카이트(Edwin Kite) 미국 시카고대 교수 연구진은 2024. 8. 8일 국제 학술지 '사이언스 어드밴시스'에 "금속 나노 막대를 사용해 화성의 대기를 두텁게 하고 더 많은 열을 가둬 화성을 지구와 가까운 환경으로 만들 수 있다"고 발표했다. 19세기 말 미국의 천문학자인 퍼시벌 로웰은 화성에서 운하와 같은 지형을 발견했다.

거기서 아이디어를 얻은 SF(공상과학소설) 작가들이 화성을 예전처럼 물이 흐르는 곳으로 되돌리는 테라포밍을 생각하기 시작했다. 테

라포밍 용어도 1942년 미국 SF 작가인 잭 윌리엄슨의 '충돌 궤도'에
처음으로 등장했다.

시카고대 연구진은 지구에 문제를 일으킨 온난화가 화성에는 도
움이 될 수 있다고 봤다.

논문 제1 저자인 시카고대 박사 과정의 사마네 안사리(Samaneh
Ansari) 연구원은 "우리 아이디어는 인위적으로 온실을 만드는 것"이
라고 했다. 일단 화성에 열을 가둬 온도를 높이면 얼어있는 물이 녹
고 식물이 자랄 수 있다고 했다.

연구진은 화성 먼지에 많은 철과 알루미늄을 이용해 9㎛(마이크로미
터, 1㎛는 100만분의 1m) 길이의 금속 나노 막대를 만들 수 있다고 제안
했다.

연구진은 화성에서 만든 나노 막대가 빛과 어떻게 상호작용할지
컴퓨터로 시뮬레이션을 진행했다. 실험 결과 나노 막대를 매년 200
만 톤씩 10~100m 상공에 주입하면 몇 년 안에 30도까지 기온을
올릴 수 있다고 나왔다.

2005년 미 항공우주국(NASA) 에임즈 연구소는 강력한 온실가스
인 염화불화탄소를 수억 톤 방출해 화성을 온난화시킬 수 있다고

제안했다.

염화불화탄소는 헤어스프레이에 들어가던 물질이다. 미국 하버드대와 영국 에든버러대 연구진은 2019년 모래 성분인 실리카로 만든 에어로겔을 화성 표면에 깔아 열을 가두면서 동시에 해로운 자외선을 차단하는 방법을 제안했다.

시카고대 연구진은 금속 나노 막대를 이용하면 온난화에 그보다 5,000배 더 효율적이면서도 무엇보다 나노 막대는 현지 조달이 가능하다는 장점이 있다고 밝혔다.

영화 '마션(The Martian)'에서 화성에 낙오된 주인공이 우주기지 안에서 감자 농사를 짓는 장면이 나온다. 테라포밍이 진행되면 감자밭을 기지 밖에서 일굴 수 있다. 일론 머스크가 화성에서 키운 감자를 먹는 모습이 기다려진다.

제2장

물질의 보편적 특성은 무엇인가?

세계에서 가장 근원적이고 영원하며 보편적인 것은 무엇일까? 그 것은 세계가 물질로 이루어지고 모든 물질은 대립물의 투쟁이며 끊임없이 변화 발전하고 있다는 것이다.

유물론은 먼저 세계의 근원을 물질이라고 본다. 곧 세계는 본질에서 물질이고, 물질로 이루어져 있다. 물질은 그 자체의 구조와 성질을 가지고 있고, 그 성질에 따라 운동하고 변화 발전한다.

우리는 '유물론', '변증법', '변증법적 유물론', '유물변증법' 등의 철학이론을 자주 보게 되는데 이 네 가지 이론은 엄밀히 보면 완전히 똑같은 의미를 가진다. 원래 유물론은 필연적으로 변증법이고, 변증법은 필연적으로 유물론이다. 왜냐하면 물질은 변증법적으로 운동하고, 변증법적으로 운동하는 것은 물질이기 때문이다.

변증법이라는 것은 물질 그 자체가 가지고 있는 성질에 근거한 운동 법칙이다. 따라서 유물론은 필연적으로 변증법이지 않으면 안 되고, 변증법은 필연적으로 유물론이지 않으면 안 된다. 이와 같은 의미에서 이 네 가지의 표현은 완전히 같은 개념이다.

모든 물질은 대립물의 통일로서 내부 구조를 가지고 있기 때문에 모순적 존재이고, 모든 물질은 그 모순적 결합에서부터 생기는 성질에 따라 운동, 변화, 발전하기 때문에 변증법적이다. 1840년 마르크스와 엥겔스는 유물변증법적 세계관을 확립했다. 변증법적 유물론에 의한 세계의 물질성과 물질의 변화, 발전 법칙의 해명은 사람들이 세계를 인식하고 개조하는 데 커다란 공헌을 하였다.

인간은 두말할 필요도 없이 세계 속에서 살고 있다. 세계는 자연과 사회, 그리고 인간으로 이루어진다. 우리는 인간도 물질이고 더구나 가장 발달된 사회적 성질을 가진 물질이라는 것을 알아야 한다. 그리고 세계에서 가장 발달한 인간도 무생명 물질로부터 발전하여 오늘날 인류로 변모된 것이다. 이와 같이 인간은 무엇보다도 먼저 물질이라는 것, 이것이야말로 우리가 올바른 물질관을 가지지 않으면 안 되는 이유이다.

올바른 물질관을 확립한다는 것은 세계의 일반적 특징에 대해서 정확한 이해를 갖는다는 것이다. 우리들이 사는 세계는 자연과 사회, 인간으로 성립되고 그들 모두 발전단계를 달리하고 있지만, 역시 그들은 물질에 불과하기 때문에 물질 일반에 대해 이해하는 것은 세계의 일반적 특징에 대해 이해하는 것이 된다.

즉, 올바른 물질관과 인간관, 사회관을 갖게 됨으로써 비로소 우리는 인간과 세계의 관계 문제, 다시 말해 철학의 근본문제에 대한 해답을 얻을 수 있다.

과학이 가르치고 있듯이 무생명 물질 속에 생명 물질이 탄생할 수 있는 근거와 원인이 있고, 발달한 생명 물질 속에 사회적 존재인 인간을 탄생시키는 물질적 존재가 존재한다. 사회적 존재로서의 인간은 진화론에 의해서는 설명할 수 없으나 진화론 그 자체는 틀린 것이 아니다. 인간은 동물 세계에서 가장 발달한 동물이었고, 이것이 동물적 인간을 사회적 존재인 인간으로 변화시킨 빼놓을 수 없는 전제였다.

인간은 자연과 사회를 더욱 깊이 인식하고 자연과 사회의 발전법칙을 이해함으로써 자연과 사회에 지배되는 종속적 존재로서가 아니라 그로부터 벗어나 자연과 사회의 주인으로서 살아갈 수 있다. 그래서 가장 발달한 물질인 인간과 인간을 둘러싸고 있는 세계와의 관계 문제를 밝히고 인간이 자주적, 창조적으로 살아가기 위해서는 먼저 올바른 물질관을 확립하지 않으면 안 된다.

1. 물질의 철학적 개념에 대하여

우리들은 일상생활에서 다양한 대상과 현상을 접한다. 그러면 이들은 어떠한 공통점을 갖고 있으며, 이들의 본성은 무엇일까? 그것들은 어디에 기초를 두고 있는 것인가? 이 같은 질문들에 대해 해답을 제시하려는 많은 노력 끝에 나온 것이 모든 사물의 본질(Substance)이라는 개념이었다.

본질은 모든 사물의 보편적이고도 가장 중요한 기초이자 그것의 궁극적인 핵심인 것으로 이해되었기 때문이다. 대상과 현상들은 나타나기도 하고 사라질 수도 있지만, 본질은 창조될 수도 파괴될 수도 없으며 하나의 상태에서 다른 상태로 운동하면서 다만 그 존재의 형태를 변화시킬 따름이다.

그것은 물질 자체의 근거이자 모든 변화의 기초이며 실재(實在)의 가장 기본적이고도 영속적인 토대이다. 본질이 일정한 형태를 취한다는 것은 그 형태에 상응하는 질을 갖춘 어떤 존재의 출현을 의미하는 것이다.

사회적 의식의 한 형태로서의 철학은 본질이라는 개념의 출현, 그리고 우리를 둘러싸고 있는 세계의 통일성과 실재가 갖고 있는 제

현상의 합법적 상호 관계에 대한 사상의 등장과 관련하여 형성된 것
이다.

고대 그리스의 밀레토스 학파 철학자들은 그들의 유물론을 실재
의 구체적인 제 형태로부터 본질의 차원으로 끌어올렸다. 텔레스는
본질을 물(水)이라고 생각했고, 아낙시메네스(Anaximenes)는 공기로,
또 어떤 이들은 흙이라고 생각하였으며, 또한 이 같은 본질들이 상
호 전환될 수 있다고 생각했다.

헤라클레이토스(Heraclitus)의 철학에서 본질은 불이었으며, 이 불
이 태양과 별, 그리고 다른 물체들을 형성하고 세계의 영속적인 변
화를 한다고 믿었다. 아낙시만드로스(Anaximander)에게 있어서 본질
은, 그가 아페이론(Apeiron)[11]이라고 불렀던, 무한하면서도 무엇이
라고 규정할 수 없는 어떤 물질이었다. 그것은 시간상으로 영원하고
구조적으로는 무한하며 끊임없이 그 존재 형태를 변화시키는 것이
었다.

그러나 이 같은 견해들은 그 어느 것도 본질의 보편성과 영속성을

---

11) 아페이론은 그리스어로 '무한'의 뜻. 아낙시만드로스는 아페이론을 여러 가지 물건의
아르케라고 했다. 아페이론은 아낙시만드로스가 기원전 6세기에 제창한 우주론의
중심적인 개념이다. 21세기에 남아있는 아낙시만드로스의 저작은 거의 없다. 조금
남아있는 단편에 의하면, 아낙시만드로스는 만물의 근원 (아르케)가 무제한, 무정량
의 양(즉 아페이론)이라고 생각하고 있었다. 아페이론은 성숙하지도 쇠퇴하지도 않
고, 신선한 물질을 계속 영원히 낳고 있어, 우리가 지각 대상으로 하는 모든 것은 이
러한 물질에 유래하고 있다고 여겨진다. 아페이론에 대해 상세하게 말한 문장은 없
지만, 일반적으로는 (예를 들면 아리스토텔레스나 아우구스티누스에 의해서) 어느
종류 원초의 카오스와 같은 것으로 이해되어 왔다.

일관성 있게, 상호 모순되지 않는 형태로 설명해 내지는 못했다. 본질에 관한 네 가지 '기본적인 원리들' 가운데 그 어느 것도 보편성과 영속성이라는 요구를 만족시키지 못했으며, '아페이론'이라는 개념도 너무나 모호한 데다 여러 가지로 해석할 수 있는 여지가 많았다.

그러나 레우키푸스(Leucippus)나 데모크리토스(Democritus)에 의해 제창되고 에피쿠로스(Epicurus)에 의해 발전된 원자론에서는 이 같은 결함이 비교적 적었다.

그들은 원자라고 하는 기본적인 입자(粒子)의 존재를 받아들였다. 그들은 원자가 창조되거나 파괴될 수 없다고 생각했으며, 끊임없이 운동하고 물체에 따라 그 무게와 형태, 배열상태를 달리하는 것으로 생각했다.

여러 물체의 질적 차이는 물체를 구성하고 있는 원자의 수와 형태, 원자들 상호 간의 배치와 속도 등의 차이에 의해서 결정된다고 그들은 생각했다. 우주에는 무한한 원자가 존재하며 이 원자의 와동(渦動, 소용돌이)이 태양과 같은 항성이나 행성을 만들어 냈고, 원자의 적절한 결합이 여러 생명체와 인간의 출현을 가져왔다고 그들은 보았다.

원자론은 최초로 그리고 구체적으로도 명확한 형태로 물질보존(conservation)의 원리를 원자의 파괴 불가능성의 원리로 설명했다. 그들은 이처럼 물질의 보존에 대한 사상을 구체적이고도 명확하게 설명해 냄으로써 이후의 모든 유물론에서 원자가 갖는 중요성을 확립시켰다.

물질의 보존과 절대성에 대한 사상은 필연적으로 우주는 영원하며 무한하다는, 물질은 정신 및 인간의 의식과의 관계에서 일차적인 것이라는 명제를 낳았으며, 또한 모든 현상은 어떤 방식으로든 법칙의 지배를 받는 것이라는 명제를 낳게 되었다.

우주의 물질성에 대한 신념, 그리고 모든 현상은 일정한 자연법칙의 지배를 받는다는 신념은 원자론적 유물론의 지지자들로 하여금 인간 이성의 무한한 잠재력에 대한 신뢰와 더불어 인간은 모든 현상을 철저하게 설명해 낼 수 있다는 확신을 갖게 했다.

원자론은 근대철학과 자연과학에서 뉴턴(Newton), 가상디(Gassendi), 보일(Boyle), 로모노소프(Lomonosov), 홉스(Hobbes), 홀 바하(Holbach), 디드로(Diderot) 그리고 기타 사상가들의 업적에 힘입어 더욱 발전했다. 그것은 열, 확산, 전도 및 다양한 화학적 현상의 본질을 설명하는 데 기초를 제공했다.

또한, 빛 입자 이론(corpuscular theory)에도 기여했다. 그러나 당시는 과학 수준이 아직 낮은 단계에 있었기 때문에 원자론으로 설명할 수 없는 현상들이 아주 많았다. 그리고 그들이 가정했던 원자의 성질이나 운동 법칙을 가지고는 살아있는 유기체의 특별한 현상이나 인간 유기체의 제 기능, 그리고 자연과 사회의 여러 현상을 추론해

낼 수도 없었다.

현대의 과학조차도 우리에게 알려져 있는 수많은 현상의 원인과 구조를 아직도 해명해 내지 못하고 있다는 사실을 인정하지 않으면 안 된다.

한편 원자론과는 대조적으로 신의 의지, 세계 이성, 절대정신 등을 우주의 본질로 보려는 다양한 관념론이 등장했다. 이러한 관념론은 인간 두뇌의 정신적 속성을 두뇌 자체로부터 분리시켜 그것을 절대자의 것, 물질과 공간을 창조하는 세계 이성인 것으로 보았다.

관념론은 결코 우주를 자연 그대로, 합리적으로 설명해 내지 못했다. 그러나 유물론자들은 항상 제 현상을 자연상의 원인으로 설명하려 했으며, 그것들을 물질 운동의 객관적 법칙성이 작용된 결과로 이해했다.

유물론은 자연과 세계를 있는 그대로 이해하는 것을 의미한다. 즉, 어떤 초자연적인 것도 부가(附加)함이 없이 그가 놓여 있는 시점에서 가능한 최대한의 객관성과 확실성을 가지고 이해하는 것을 의미한다.

태양계와 은하계의 구조에 대한 발견, 그리고 다양한 천체의 운동에 대한 일반 법칙의 확립, 지구에 대한 지질학적 해명, 동식물 군의 발전법칙에 대한 해명 등은 과학이 그 과정에서 이룩해 낸 획기적인 사건들이었다.

　마르크스와 엥겔스가 변증법적 유물론을 확립하는 데 기초를 제공한 것도 에너지 보존의 법칙 발견, 살아있는 모든 유기체의 세포 구조설, 다윈의 생물학적 종(種)의 진화론과 같은 과학적 발견들이었다.

　레닌은 "물질이란 감각을 통해 인간에게 주어지고, 우리의 감각으로부터 독립하여 존재하면서 우리의 감각에 의해 모사(模寫) 되고, 촬영되고, 반영되는 객관적 실재를 나타내는 철학적 범주(category)이다"라고 했다.

　물질에 관한 이러한 정의는 철학의 근본 문제에 대한 유물론적 해답과 밀접히 연관되어 있다. 이 정의는 우선 지식의 객관적 원천이 물질이며, 물질은 인식 가능한 것이라는 사실을 말해주고 있다.

　물질에 관한 레닌의 정의는 현대 과학이 인식하고 있는 대상뿐만 아니라 심지어 장래 발견될지도 모르는 대상까지 포함하고 있으며, 바로 이런 점이야말로 레닌의 물질관의 방법론상으로도 중요한 의의를 갖는 이유인 것이다.

　어떤 물질적 구성물이 존재하기 위해서는 다른 제 물체와 관련된 객관적 실재(實在)를 가지고 있어야 하며, 그것들과 객관적으로 관련되어 있음과 동시에 상호작용해야 하며, 물질의 일반적인 변화 발전의 과정에서 하나의 요소이지 않으면 안 된다.

　객관적 실재로서의 물질의 개념이란, 물질을 그것의 모든 속성과 운동의 제 형태로, 존재의 제 법칙 등등으로 규정하는 것을 의미한다.

물질은 구체적 대상과 계(系)의 무한히 다양한 형태로 존재하며 이들은 각각 운동, 구조, 연관, 상호작용, 시공간 그리고 다른 많은 일반적이고 특수한 제 성질을 갖고 있다.

물질은 구체적인 대상이나 계의 외부에 존재하지 않으며, 이러한 의미에서 제1차적이고 무정형적인(structureless) 실체로서 이해되는 '그러한 물질'은 존재하지 않는다. 모든 형태의 물질은 (미시적 대상도 포함하여) 복잡한 구조, 다양한 내·외적 연관, 그리고 다른 형태로 변화할 수 있는 가능성을 갖고 있다.

사물의 본질(essence)이나 실체(substance) 또한 상대적이다. 그것은 단지 객체에 대한 인간 인식의 심도(深度)를 표현하고 있을 뿐이다.

물질은 항상 일정한 조직을 갖는다. 물질은 특정한 물질계의 형태로 존재한다. 계(系)는 상호 연관된 또는 상호작용하는 제 요소가 내적으로 (또는 외적으로) 정돈된 집합체이다.

오늘날 물질의 인식 범위는 10^{-15}cm(핵입자의 핵)에서 10^{28}cm(대략 130억 광년)까지 확장되었다. 이 한계 내의 모든 물질, 즉 알려진 모든 물질은 구조적인 조직을 갖고 있다. 잠정적으로 다음과 같은 물질계의 기본 형태와 그에 상응하는 물질의 구조적 수준들을 확인해 볼 수 있다.

무생물계에서는 소립자(반입자를 포함하여)와 장(場, field), 원자핵, 원자, 분자, 분자의 화합물, 거시적 물체, 지질구조, 지구와 다른 혹성들, 태양과 다른 항성들, 항성군, 은하, 은하계, 전 우주가 있으며, 이것들은 단지 무한한 우주의 계(系) 가운데 하나에 불과하다.

생물계는 유기체 내적인 생물계와 초유기적인 생물계가 있다. 전자는 유전 매체로서 DNA와 RNA 분자, 단백질 분자의 화합물, 세포(하부 계를 포함한), 조직, 기관, 기능계(신경, 혈액순환, 소화, 호흡 등) 그리고 유기체 전부가 포함된다. 초유기적인 계는 유기체의 과(科), 군(群), 다양한 개체군(個體群), 종(種), 군집(群集), 군락(群落), 생물권 전체를 포함한다.

사회에서 교차하고 있는 계의 유형 또한 수없이 존재한다. 즉 인간, 가족, 다양한 집단(생산자, 교육진, 연구팀, 스포츠팀 등), 공동체, 협회와 각급기관, 정당, 계급, 국가, 국가체계 그리고 전체로서의 사회가 그것이다.

물질의 발전에 따라 계(系)의 통합을 결정하는 요인들은 계속해서 더욱 복잡해 가고 있다. 무생물계에서는 각 계들의 연관된 핵력(원자핵 내의), 전자기력, 중력이 계의 통합을 결정한다. 생물계에서의 통합은 다양한 구조적 수준에서의 연관과 통제, 자기 조절과 재생산의 정보 과정에 의해 결정된다.

사회체계의 통합은 수많은 사회적 연관과 관계(경제적·정치적·사회 계층적·민족적·윤리적·문화적·가족적인 것 등)에 의해 결정된다.

물질과 그 존재 형태에 대한 변증법적 유물론의 이론은 과학 연구를 위한, 즉 종합적인 과학적 세계관의 정교화와 현실에 일치하는 과학적 발견의 해석을 위한 방법론적 기초를 제공한다.

과학적 지식의 진전에 따라 그것의 전망과 통찰은 계속 확장되어 왔으며, 과학적 지식의 진전은 물질의 존재법칙에 대한 보다 완전하고도 깊이 있는 인식을 위해 나아가고 있다.

이 세계에 존재하는 것은 광대한 우주도, 미세한 원자, 소립자, 구성자 등도 모두 물질이다. 그리고 세계에서 행해지고 있는 운동은 모두 물질의 운동이다.

물론 사람이 아직까지 해명할 수 없는 물질의 수수께끼는 많이 있다. 그러나 세계가 물질로 구성된다는 것은 과학이 증명하는 바이고, 세계에는 물질 이외에 어떤 신비하고 불가사의한 사물은 존재하지 않는다.

　이 책에서는 이제까지의 유물론의 전통을 계승하고 마르크스 레 닌주의 철학의 성과를 시인하면서도 시대의 요청과 과학의 발전에 따라서 철학의 물질개념은 더욱 발전하지 않으면 안 된다고 하는 인 식에 기초하여, 인간중심의 철학에 의한 물질개념의 몇 가지 문제에 대해서 논급하고자 한다.

2. 마르크스주의의 물질의 본질적 특성

종래 물질에 대한 철학적 연구는 원칙적으로는 의식에 대한 물질의 1차성의 승인과 견고히 결합되어 있었다.

물론 고대 그리스의 유물론자나 18세기의 프랑스 유물론자들이 물질과 의식과의 관계의 문제를 철학 전체에 걸친 최고의 문제로써 자각적으로 정립되어 있었다고는 생각되지 않지만, 적어도 자연의 정신으로부터 독립해서 존재한다는 것을 근거 삼기 위하여, 시원(始原) 물질의 탐구나 물질의 해명을 시도했다는 것은 분명하다.

물질의 철학적 개념을 확립하는 데 결정적 진보를 가져온 것은 역시 레닌이다. 레닌은 《유물론과 경험비판론》(1908년)에서 물질의 철학적 개념을 다음과 같이 규정하고 있다.

"물질이란 인간의 감각을 통해 지각되고, 인간의 감각으로부터 독립하여 존재하며, 인간의 감각에 의해 모사되고 투영되며 반영되는 객관적 실재를 표현하기 위한 철학적 범주이다."

"물질의 개념은 인식론적으로는 인간의 의식으로부터 독립해서 존재하고, 인간의 의식에 의해 모사되는 객관적 실재 이외에 다른 것을 의미하지 않는다."

"왜냐하면 물질의 유일한 「성질」은-철학적 유물론은 그것을 인정한다-객관적 실재라는 성질, 곧 우리의 의식 바깥에 존재하는 성질이다."[12]

물리학적 물질개념은 물질의 구조 및 속성에 대한 과학적 지식으로부터 생겨나고, 물질구조에 대한 과학적 지식의 발전에 따라 변화한다. 그러나 철학적 물질개념은 물리학적 물질개념과 밀접히 연관되어 있지만 과학적 지식의 발전에 따라 끝없이 변화하는 것은 아니다.

왜냐하면 물질이라는 철학적 범주는 객관적으로 존재하는 다양한 물질의 총체로부터 추상(抽象)한 것이고 또한 발전 단계를 달리하는 물질인 동물, 인간까지 포함한 다양한 물질의 가장 기본적인 성질을 범주로 삼기 때문이다.

우리를 둘러싸고 있는 무한대의 우주도, 무한소(無限小)의 소립자의 세계도 모두 물질이고 인간 또한 물질이다. 그렇기 때문에 물질에 대한 올바른 철학적 개념은 모든 물질의 본질이 거기에 요약되어 있지 않으면 안 되고, 이런 의미에서 과학적 지식의 발전에 따라 변화될 수 있는 개념이어서는 안 된다.

12） 井上周八 지음, 최진성 옮김, 『사랑과 통일의 실천철학』, 도서출판 조국, 1990, p.43 참조.

위에서 레닌이 규정한 물질 규정은 다음의 2가지 점에서 긍정적 의의를 갖는다고 할 수 있다.

첫째는 물질과 의식과의 관계의 문제라고 하는 지금까지의 철학의 근본 문제에 대하여 원리적인 해답을 부여하고, 단서(端緖) 개념으로서의 물질개념을 확립한 것이다. 종래의 근본 문제에 한정한다면, 레닌의 물질개념은 물질과 더불어 가장 넓은 범주인 의식과의 관계만을 매개로 해서 규정되어 있고, 유물론의 단서 개념으로서의 내포할만한 징표와 추상성을 갖춘 규정이다.

둘째는 이제까지의 오래된 유물론이 불가피했던 물질의 철학적 개념과 물질의 구성과 성질에 대해서 자연과학적 제(諸) 견해와의 혼동을 극복한 것이다. 물질의 철학적 개념은 어떤 특정한 물질적 구성물과 동일한 것이 아니고, 전체로서의 세계가 대상이며, 물질적 제 구성물의 전 총체(全總體)의 추상이다.

그럼에도 불구하고 마르크스 레닌주의 이전의 유물론은 대체로 물질개념을 무언가 개개의 자연물로써 이해하고 있었다.

이것에 대하여 레닌은 물질의 철학적 개념을 인식론적 범주로써 파악함으로써 물질개념의 이해를 새로운 단계로 발전시켰다. 레닌은 「물질의 여러 가지 구조에 관한 학설을 인식론적 범주와 혼동하는 것-즉 물질의 새로운 종류의 (예를 들면 전자) 새로운 제 성질의 문제를 인식론의 오래된 문제인 우리들의 지식의 원천, 객관적 진리의 존재 등의 문제와 혼동하는 것은 전적으로 허용하기 어렵다」[13] 고 해서, 현실 세계의 총체적 반영으로써의 철학적 물질개념과 자연과학적 물질개념과의 구별을 명확히 한 것이다.

이와 같은 레닌의 물질 규정은 유물론의 발전에 큰 기여를 했지만, 그것은 어디까지나 의식에 대한 물질의 1차성의 승인이라고 하는 철학적 과제가 유물론의 근본 문제로써 제기되었다. 이는 지금까지의 범위 내에서의 공적이라고 말할 수 있다.

이를 요약해 보자면

첫째, 레닌이 규정한 물질의 유일한 「성질」이라고 하는 객관적 존재성은 어디까지나 의식과의 관계에서 파악되었다. 물질의 인식론적 성질에 있어서 물질 자체의 내재적인 성질은 아니다.

둘째, 객관적 존재라고 하는 성질은 물질이 의식으로부터 독립적으로 존재한다는 것을 밝힐 뿐, 객관성만으로는 물질의 속성에 기초한 자연의 계층적 구조의 설명은 할 수 없다.

셋째, 객관적 존재라고 하는 성질은 운동의 객관성을 분명하게 할

---

13) 『레닌 전집』, 14권, 大月서점, 149쪽. 배진구 전개서, p.83에서 재인용.

뿐, 그것으로 직접 운동의 원인, 동력 및 운동 제 형태 간의 상호전화(相互轉化)를 설명할 수가 없다.

결론적으로 말하자면, 유물론의 단서 개념인 물질개념의 규정은 원칙적으로 무매개(無媒介)여야 한다. 따라서 본질적으로는 존재론적 규정이어야 한다. 그러나 이것은 동시에 존재론적 규정에 대한 인식론적 반성을 따른 것이므로, 결과적으로는 양측면의 총합적인 규정이 된다.

원래 물질과 의식성은 상호 대립의 차원에 서는(立) 개념은 아니다. 존재론적 견지에서는 의식은 어디까지나 물질의 속성이며, 물질개념 하에 포섭되어야 할 것이다. 레닌도 지적한 바와 같이 물질과 의식의 대립은 다만 인식론적 차원 하에서만 절대적 의의를 갖는 것이며, 만일 이 범위를 넘어서 물질과 정신, 물리적인 것과 심리적인 것과의 대립을 절대적인 대립으로써 취급한다면, 이것은 큰 잘못이다.

그럼에도 불구하고 레닌이 굳이 물질개념을 인식론적 범주로서 취급한 것은 당시의 철학 및 자연과학계에 있어서 동요(動搖)와 관념론에서 이른바 「물질소멸론」에 대한 유물론적 해답을 마르크스나 엥겔스의 존재론적 물질이해의 인식론적 검증이라고 하는 형태로 부여했다고 간주해야 할 것이다.

따라서 레닌이 객관적 존재성을 물질의 유일한 성질이라고 한 것은 어디까지나 인식론적인 유일의 성질을 말한 것이며, 레닌 자신도 철학적인 물질개념이 완성되었다고는 보지 않았다고 이해하여야 한다.

레닌이 물질과 의식이라고 하는 인식론의 이 두 개의 구극적(究極的) 개념에 대해서는 그중 어느 쪽을 제1차적인 것으로 볼 것인가 하는 점을 나타내는 이외에 다른 규정을 내릴 수 없다는 것도 어디까지나 인식론적인 견지에서의 지적이라 하겠다. 왜냐하면 전술한 바와 같이 물질과 의식과의 대치 자체가 인식론적으로만 가능하기 때문이다.

물질이 의식(意識)과는 독립해서 의식의 발생 이전부터 존재한 것으로써 그 불생불멸성(不生不滅性)을 인정한다면, 당연히 의식과의 관계를 매개 없이 그 자체로써 파악되지 않으면 안 된다. 따라서 당장은 「물질이란 물질이라고 하는 그 개념이 그로부터 추상되어온 곳의 제(諸) 질료의 총체임에 다름없다」고 했다.[14]

엥겔스의 규정에 입각하여 물질세계의 다양성을 전제로 하면서 모든 물질적 존재에 공통의 구조에 근거를 두고 가장 추상적, 보편적 성질이면서 거기에서 특수한 제(諸) 성질로 전개되어가며, 그와 같은 물질의 근본적인 성질에로 연구가 진행되어 가야 한다. 그래야

---

14) 『마르크스 엥겔스 전집』 20권, 大月서점, 544쪽. 배진구, 전게서, p.79. 재인용.

객관적 실재 혹은 제 질료의 총체를 외연(外延)으로, 추상적 보편성의 의미와 형식을 가진 직접적인 성질을 내포하는 철학적 물질개념의 정립이 가능하다고 할 것이다.

결론적으로 말하자면, 마르크스주의자들은 인간의 의식으로부터 독립적으로 존재한다는 것 하나만을 물질의 본질적 특징으로 지적한다. 동시에 그들은 이것이 물질에 대한 철학적 개념의 내용이며 그것은 물질에 관한 자연과학이 아무리 발전하여도 영원히 변하지 않는다고 주장한다.

이러한 물질의 개념은 물질을 오로지 인식과의 관계에서만 규정한 것이다. 물질이 의식과 관계없이 객관적으로 존재한다는 것만을 가지고서는 어떻게 하여 단순한 무기물질로부터 생명 유기체가 발생하게 되고, 더 나아가 사회적 존재인 인간이 어떻게 발생하게 되었는가를 이해할 수 없다.

물질의 개념은 마땅히 가장 단순하고 저급한 물질적 존재로부터 가장 복잡하고 고급한 존재인 인간에 이르기까지, 모든 물질적 존재의 공통성과 함께 차이성의 발생, 발전을 해명하는 데 지침이 되어야 할 것이다.

객관적 존재성 하나만 가지고서는 어떻게 하여 운동과 변화 발전이 일어날 수 있는지를 해명할 수 없으며, 또한 어떻게 하여 무생명 물질과 생명 유기체, 사회적 존재의 차이가 나오게 되었는지를 이해할 수 없다.

　인간중심의 철학이 종래의 근본 문제를 지양하고, 세계에 대한 인간의 지위와 역할에 관한 문제를 철학의 최고의 문제로써 제기한 시점에서, 레닌의 물질 규정은 이미 이 새로운 유물론의 단서 개념으로서의 내용을 가질 수가 없으며, 따라서 이 철학의 근본 문제에 해답을 줄 수 없다.

3. 인간중심 철학의 물질관

1) 세계의 물질성과 물질의 객관적 실재성

인간중심의 철학은 물질세계의 일반적 특징을 해명하는 원리와 인간의 본질적 특성을 해명하는 원리, 나아가 세계에서 차지하는 인간의 지위와 역할을 해명하는 원리를 포괄하고 있는 이상, 세계의 일반적 특징에 대한 해명을 제외할 수는 없다. 인간중심 철학은 종래의 물질세계를 해명하는 원리인 유물변증법을 전제로 하면서 인간중심, 즉 인간의 운명을 개척하는 유물변증법으로 전환시키고 있다.

인간중심의 철학에서는 종래의 철학과는 달리 가장 발전된 존재이자 가장 고급한 운동을 하는 인간을 중심에 두고 세계의 존재와 운동을 고찰한다. 이리하여 인간중심의 철학은 세계의 일반적 특징에 대한 새로운 독창적인 견해를 확립하고, 유물론과 변증법을 인간의 운명 개척에 봉사하는 새로운 것으로 발전시켰다.

세계는 물질로 이루어지고 물질세계는 인류가 탄생하기 이전부터 존재해왔다. 그렇기 때문에 물질세계는 인간의 의식으로부터 독립하여 존재한다. 물질은 인간이 의식하든 의식하지 아니하든 관계없이 객관적으로 존재한다. 물질은 무(無)에서 창조할 수 없고, 또한 물질은 무로 돌리는 것도 불가능하다. 이런 의미에서 물질세계의 객관적 존재는 영원하고 절대적이다. 물질은 인류가 탄생하기 이전부터 존재해왔고, 인류가 탄생한 이후에도 인간의 의식과는 독립해서 존재하고 있다.

세계에는 다양한 존재가 있으며, 그것은 모두 물질이다. 인간과 같이 다른 존재와는 확연히 구별되는 특수한 존재도 역시 물질이다. 세계에는 다양한 속성이 있지만, 그것은 모두 물질의 속성이다. 생물과 인간의 생명과 인간의 의식과 같은 신비한 속성도 고급한 물질의 속성 이외에 아무것도 아니다.

세계에서는 다양한 운동이 수행되고 있으며, 그 담당자는 모두 물질이다. 자연 속에서 진행되고 있는 운동과 인간의 사회적 운동도 모두 물질의 운동이다. 이와 같은 점에서 세계는 물질성을 띠고 있다. 물질세계는 현실에 존재하는 유일한 세계이다. 바로 이것이 유물론의 기본 사상이며, 세계를 구성하는 불가결한 부분이다.

유물론과는 달리 관념론은 세계의 시원을 정신 또는 관념으로 간주했다. 관념론은 세계의 본질이 정신이며, 물질은 그것에서 파생된 것으로 간주했다. 그러나 인류의 실천과 과학의 발전, 즉 생명 진화론과 에너지 보존 및 전환의 법칙 등, 지금까지 달성된 과학의 발전은 물질을 낳는 정신적 실체나 초물질적이고 신비한 존재 등이 있을 수 없다는 것을 증명하고 있다.

세계는 물질로 이루어져 있는 이상, 존재 측면에서의 세계의 일반적 특징에 대한 해명은 물질의 보편적 특징에 대한 탐구를 통해 심화된다.

물질은 인간의 사고방식에 관계없이 그 자체로서 실재하는 존재이다. 물질의 이러한 특징을 객관적 실재성 또는 객관적 존재성이라고 한다. 객관적 존재성은 인식론적 시각에서 찾아낸 물질의 보편적 특징이다. 레닌은 객관적 실재성을 물질을 특징짓는 기본적 징표로 간주하고 그것을 기초로 하여 물질을 정의했던 것이다.

물질에 대한 레닌의 정의는 물질을 그 특정한 형태 또는 자연과학에 의해 연구되는 특정한 구성요소나 속성에 귀착시키는 종래 유물론의 물질관이 가진 결함을 극복하여 관념론에 대한 유물론의 승리에 크게 기여했다.

물질의 객관적 실재성은 올바른 것이고, 그것은 의식이 1차적이고 물질은 그로부터 파생된다고 보는 관념론의 결함을 극복하는 데서 주요한 철학적 근거가 되었다.

그러나 물질에 대한 레닌의 규정에는 재음미해야만 하는 문제점이 있다. 레닌은 관념론을 극복하기 위해 의식에 대한 물질의 1차성을 규정하는 데 집중한 나머지 물질의 유일한 속성은 객관적 실재성뿐이라고 간주했다. 이 같은 점에서 레닌은 물질의 철학적 개념과 물질의 구조와 속성에 대한 자연과학적 견해를 엄밀히 구별해야만 하며, 물질의 철학적 개념 그 자체는 물질에 대한 자연과학의 심화 발전에 관계없이 변화하지 않는다고 강조했던 것이다

레닌의 이와 같은 견해를 교조주의적으로 해석하는 일부 마르크스주의자들은 물질의 객관적 실재성에 대한 정의를 절대적 진리로서 받아들였다.

그들은 물질의 새로운 보편적 특징을 탐구하고 물질에 대한 규정을 발전시키는 것은 유물론을 포기하는 것 아니면 유물론의 초보도 알지 못하는 데서 오는 황당무계한 시도라고 일축했다. 마르크스주의자들은 물질의 구조와 속성에 대한 개별 과학의 연구 성과를 관념론적으로 왜곡하는 것을 부정하고 유물론적 해석에 대해서는 일정한 주의를 기울였지만, 물질의 보편성에 대한 새로운 해명과 물질에 대한 정의를 발전시키는 연구 성과에 대해서는 거의 무관심했다.

물질적 존재와 그 속성은 변화 발전하고 그에 대한 개별적인 과학 연구도 발전하고 있기 때문에 오직 물질에 대한 철학적 인식만은 객관적 실재성의 해명에 그치는 것이라고 생각하게 된다면 주관적 의도가 어떠하든 물질 개념에 대한 형이상학적인 관점을 인정하

는 것으로 될 것이다. 본래 철학은 개별 과학의 연구 성과를 존중하고 그것들의 일반화에 기초하여 심화 발전하는 학문이다. 그럼에도 불구하고 물질의 개념 규정만은 변하지 않는다고 주장하는 것은 잘못이다.

물질의 보편적 특징에 대한 철학적 해명은 물질의 객관적 실재성의 해명으로 끝나는 것이 아니다. 객관적 실재성은 세계에 존재하는 다양한 물질의 공통된 보편적인 특징이다.

물질은 발전 수준에서 차이가 있다. 무생명 물질과 생명 물질의 발전 수준이 다르다는 것은 말할 필요도 없고, 생명 물질 가운데서도 발전 정도가 다른 많은 동식물이 있다는 것은 명백한 사실이다. 인간은 어떠한 생명 물질보다도 발전 수준이 높은 물질이다.

객관적 실재성은 물질의 다양성을 표현하는 특징도 아니며, 물질의 변화 발전이 실현됨에 따라 새롭게 태어나는 특징을 보여주는 것도 아니다. 마르크스주의 유물론에서 물질은 변화 발전한다고 하면서도 그것과는 관계없이 객관적 실재성을 물질의 본질을 특징짓는 유일한 보편적 특징이라고 간주하고 물질의 변화 발전하는 본질적 특징 중에서 물질의 보편적 특징을 탐구하지 않은 것은 분명히 문제점이 있다.

2) 물질의 구조, 성질, 운동과 그 관계

물질의 기본 구조는 대립물의 통일이고, 물질의 성질은 어떤 대립물이 통일되는가 하는 물질의 구체적 구조에 따라 생겨난다. 또한 물질의 성질은 물질의 운동에 의해 드러나고, 우리들은 물질의 운동을 통해서 그 물질의 성질을 알 수 있다.

세계에 존재하는 여러 가지 물질은 모두 물질이라는 점에서 동일성을 가진다. 이렇게 볼 때 존재의 기본적 구조는 동일성과 차이성의 통일, 곧 대립물의 통일이다. 세계에 존재하는 이러저러한 물질은 모두 물질로서 공통성을 가지고 있음과 동시에 다른 물질과 구별되는 그 자체의 특성을 가지고 있다. 동시에 각각의 물질적 존재는 다른 물질적 존재와 구별되는 그 자체의 특성을 가지고 있다. 모든 물질적 존재는 공통성을 가지고 있기 때문에 하나의 물질세계로서 연관을 가지고 있다.

동시에 각각의 물질적 존재는 다른 물질적 존재와 구별되는 특수성을 가지고 있기 때문에 다른 물질과는 다르게 존재한다.

세계에 존재하는 물질은 전체로서 눈에 보이지 않는 연관 속에 있으면서 눈에 띄는 하나의 실체로서 완전히 독립된 사물로 존재한다. 세계에는 완전히 고립해서 존재하는 물질은 있을 수 없다. 오히려 모든 물질은 물질세계의 전체적 연관 속에서만 존재한다. 또한 모든 물질은 무질서하게 결합된 것이 아니고 일정한 법칙에 따라 결합하면서 운동·변화·발전하고 있다.

변증법적 유물론의 물질관은 물질세계에 존재하는 모든 사물을 연관성과 독립성으로 파악한다.

즉, 어디까지나 물질세계는 전체로서 서로 떼어낼 수 없지만 각각의 사물은 어느 한계(限界) 안에서 상대적 독립성을 가지고 변화한다는 것, 곧 사물은 상대적 독립성을 가지고 존재한다는 점을 인정한다. 세계에 존재하는 각각의 물질은 모두 다른 물질과는 다른 독자성, 특수성을 가지고 있기 때문에 서로 대립하면서도 각자 공통성에 근거하여 하나의 물질세계로 통일되어 있다. 물질세계의 통일은 대립을 포함하고 있기 때문에 상대적이고, 물질세계의 대립은 그들의 통일에 근거하고 있기 때문에 상대적이다.

모든 물질의 내적 구조는 대립물의 통일이고, 물질은 그 모순적 구조에 의하여 성질을 규정 받고 있다. 아울러 물질은 그 성질에 의해 일정한 공간을 차지하면서 시간의 흐름에 따라 자기운동을 행한다. 이것은 소립자와 같은 기본적인 물질에서도 확실히 볼 수 있다.

물질세계의 변증법적 성질은 시간과 공간에서도 이것을 볼 수 있다. 물질은 일정한 공간을 차지하면서 시간의 흐름 속에서 운동한다. 세계는 시간적으로 영원한 옛날부터 존재하고 공간적으로는 무한히 존재하는 물질로 이루어진다. 물론 개개의 물질은 시간적으로도 공간적으로도 한정되지만 물질 일반은 시공과 함께 영원히, 무한히 존재한다.

물질과 공간과 시간은 따로 구별되는 것이 아니고 서로 떼어 놓을 수 없는 연관을 맺고 있다. 우리는 물질의 운동 없이는 시간과 공간에 대하여 생각할 수 없다. 물질은 시간과 함께 운동하고 물질이 운동하는 곳이 공간이다.

시간과 공간은 무한함과 동시에 무한히 나눌 수 있기 때문에 연속적이면서도 불연속적이다. 연속적인 것과 불연속적인 것과의 통일이라는 점에 시간과 공간의 중요한 특징이 있다. 모든 물질은 시간적 공간적으로 존재하고 운동한다.

사물의 운동은 전체로서 파악할 때 끊임없는 연속선상에 있다. 그러나 부분적으로 볼 때 가는 곳마다 중단되고 여러 가지 요소로 나누어진다. 운동의 참모습은 연속성과 불연속성과의 통일이고, 사물의 운동은 불연속을 포함한 연속이다.

뉴턴역학은 물질 존재에 영향을 받지 않는 시간과 공간을 가정함으로써 거대한 체계를 형성했다. 뉴턴은 시간은 외적 관계에 대해 독립해서 흘러가고 공간도 어디에 있든 그 자신 똑같은 크기라고 생각했다.

　그러나 20세기에 들어와서 아인슈타인은 공간과 시간은 운동하는 물질의 존재 형식이기 때문에 물질과 운동을 떠난 뉴턴의 이른바 '절대공간'이나 '절대시간'은 존재하지 않는다고 밝혔다. 즉 물질의 운동이 거기에서 생기고, 존재하고, 소멸해가는 것이 시공(時空)이다. 물질은 시공에 의해서만 존재할 수 있고, 물질의 존재 양식 그 자체가 시공인 것이다.

　일반 상대성 이론에서는 시공과 물질의 관계는 단순한 시공이 물질의 존재 양식이라는 이해에서 한 걸음 더 나아가 규정되고 있다. 곧 장(場)[15]이라는 물질의 존재와 시공의 존재 방식은 서로 규정되며 서로 떼어놓을 수 없는 것으로 파악한다. 장은 시공에서만 존재하고 또한 장이 존재하지 않는 시공은 어떠한 점도 없다. 이러한 의미에서 장 이론에서 시공의 존재와 장이라는 물질의 존재는 일원적으로 연결되며 서로 떼어낼 수 없다.

　장 이론에서는 모든 물질은 장이고 물질이 존재하지 않는 시공은 없기 때문에 시공은 장이라는 물질이라고 한다. 장 이론에서는 어

---

15)　현대 물리학에서는 장(場)이라는 것은 공간의 각 점에서 그 점에 속하는 양이 정해져 있는 경우 그 공간을 가리키는 개념이다. 예를 들어 질량, 온도 등과 같이 하나의 수량에 의해 완전히 표현되는 양은 스칼라장이라고 부르고 크기, 방향을 가진 백터라면 백터장이라고 하며 전장, 자장이라고 부른다. 양자역학에서 전자장의 일종인 광(光)은 광자라는 입자로 되어 있기 때문에 장은 동시에 입자를 나타내는 수도 있다.

떤 경우에 각각의 소립자를 대응하는 장으로 표현하며 쿼크, 글루온 (gluon), 렙톤(lepton), 광자(Photon) 등은 장에 의해 각각 소립자 장을 구성한다. 이 같이 장 이론에서는 물질적 존재와 시공은 내용적으로는 나눌 수 없는 한몸을 이룬다고 볼 수 있다.

앞에서 서술했듯이 세계에 존재하는 모든 사물은 대립물의 통일로 이루어지고, 세계의 다양한 물질은 그 물질성에 의해 물질세계를 형성한다. 동시에 각각의 물질이 지닌 독자적인 성질에 의해 끊임없이 상호작용을 하면서 운동·변화·발전하고 이 과정에서 다른 물질과 결합하여 그 양을 증대하고 질을 높여나간다.

모든 물질은 다른 물질에 대해서 물질로서 동일성을 가지면서 동시에 다른 물질과는 서로 다른 상이성을 갖는다. 그리고 물질은 동일성을 지닌 다른 물질과 결합할 뿐 아니라 자기를 보존 발전시키기 위해 도움이 되는 상이성을 가진 다른 물질과도 결합한다.

보통 무생명 물질의 상호작용에서는 각각의 물질이 똑같은 수준에서 서로 영향을 주고 있다. 이 경우 어느 것이 주동적이고 어느 것이 수동적인가를 구분하기는 곤란하다. 그런데 생명 유기체가 환경과 상호작용을 행하는 경우는 주동과 수동의 차이가 확실하고, 생명 유기체는 주동적으로 자기의 특성을 보존하고 또 발전시키는 방향에서 환경을 이용한다.

생명 유기체는 생활환경 중에서 주위의 물질을 동화하면서 그 존재를 유지하고 번식한다. 그리고 환경에 더 잘 순응할 수 있도록 자기의 구성요소와 결합구조를 변화시켜 나간다. 마침내 각기 다른 환경 속에서 다른 특성을 가지고 성장해온 생명 유기체가 서로 결합해서 더욱 다양한 생활 요소와 생활능력을 가진 새로운 생명 유기체가 생긴다.

이처럼 물질의 성질과 구조, 운동은 불가분의 관계에 있다. 곧 물질은 그 성질에 따라 더 복잡한 구조를 가진 물질로 발전하고, 더 복잡한 구조를 가지게 됨으로써 더욱 발전된 성질에 의해 더 복잡한 물질로 발전한다.

물질 운동의 성질을 결정하고 이 운동을 추진하는 힘은 어디까지나 물질 그 자체에 있다. 물질은 그 본질적 속성에 의해 운동하고 이 운동을 자기의 힘으로 전개한다. 그리고 물질의 발전이란 것은 우선 물질적 구성요소가 다양해져 그들 간의 결합구조가 변화 발전하면서 새롭고 더욱 고급한 통일체로 이행하는 것을 의미한다.

물질의 성질이 달라지는 것은 물질의 구성요소와 결합구조가 달라지기 때문이며, 물질의 운동이 달라지는 것은 물질의 성질이 달라지기 때문이다. 즉, 물질의 운동을 통하여 물질의 구성요소와 결합구조가 달라질 수 있고, 이렇게 되면 물질의 성질이 달라지고 이에 따라 물질의 운동도 달라질 수 있는 것이다.

운동은 상호작용을 의미하며 상호작용 과정에서 물질이 결합되거나 분해되어 그 구성요소와 결합구조가 달라질 수 있다. 따라서 물질의 성질과 운동을 규정하는 기본 요인은 물질의 구성요소와 결합구조(물질의 존재)이지만, 물질을 변화하게 만드는 요인은 운동이라고 볼 수 있다.[16]

물질의 구성요소와 결합구조, 물질의 성질, 물질 운동의 상호관계를 인식한 데 기초하여 인간은 임의의 성질을 가진 물질을 만들어 낼 수 있다는 결론을 짓게 된다. 만일 인간이 어떤 성질을 가진 물질이 필요하다면, 그 성질을 가지기 위해서는 우선 어떤 구성요소와 결합구조가 필요한가를 과학적으로 확정하여야 한다. 그다음에는 그러한 구성요소가 해당한 결합구조를 가지고 결합되기 위해서는 어떤 운동이 필요한가를 과학적으로 확정하여야 한다.

즉, 우리에게 필요한 성질을 가진 물질을 만들어 내기 위해서는 그러한 물질의 구성요소와 결합구조를 인식한 다음, 결합시키는 방법을 밝히는 것이 필요하다.

3) 물질의 변화 발전하는 보편적 특징과 주체성(주관성)

마르크스주의의 유물론은 세계가 물질로 성립되어 있으며, 그 물

---

16) 황장엽 지음, 『세계관』, 시대정신, 2003. p.58.

질은 객관적으로 실재하는 것이라는 점을 해명했다. 물질의 객관적 실재성은 모든 물질에 공통된 보편적 특징이며, 유물론의 기본을 이루는 것이다. 그러나 이와 같은 물질의 철학적 개념이 물질에 대한 해명을 모두 완성한 것은 아니다.

물질세계의 다양한 존재의 발전 수준과 그것에 상응하는 속성은 객관적 실재성만을 기준으로 해서 파악할 수는 없다. 물질적 존재에는 그 발전 수준과 속성을 재는 기준이 되는 보편적 특징이 반드시 존재한다.

물질의 객관적 실재를 전제로 하는 물질의 주체성에 대한 해명은 물질의 발전 방향을 규정하며, 특히 인간의 운명을 개척하는 열쇠가 된다. 물질이 객관적으로 존재한다는 규정만으로는 인간의 운명 개척의 길을 직접적으로 해명할 수 없다. 물질의 주체성에 대한 파악은 인간의 본질적 특성에 대한 해명의 출발점이 된다.

인간의 본질적 특징은 자주성과 창조성, 사회적 협조성을 지니는 사회적 존재라는 점에 있다. 사회적 존재란 사회적 재부를 가지고 사회적 관계로 결합되어 생활하는 사회적 인간을 의미한다.

사회적 존재의 본질적 속성은 자주성과 창조성, 다시 말하면 자주적 요구와 창조적 능력이다. 자주적 요구가 세계를 자기에게 복무하게 하면서 그 주인으로서 살며 발전하고자 하는 생활적 요구라고 한다면, 창조적 능력은 세계를 자기의 요구에 따라 개조하고 이용하면서 살며 발전할 수 있는 생활능력이다. 이러한 자주적 요구와 창조적 능력이야 말로 인간의 운명을 향상시키는 것이다.

자주적 요구와 창조적 능력은 모든 물질의 속성 중에서도 가장 발전된 속성이다. 그렇다면 인간 이외의 물질의 속성은 어떠한 것일까?

세계는 다양한 물질에 의해 성립되어 있지만, 그것을 발전 수준에 비추어 분류하면 무생명 물질(무기체), 생명 물질(생물학적 존재), 및 인간(사회적 존재)의 셋으로 크게 구별할 수 있다. 인간에게 자주적 요구와 창조적 능력이 있듯이 무생명 물질과 생명 물질에도 수준의 차이는 있어도 각각 나름의 요구와 능력이 있을 것이다.

사회적 존재는 고유한 사회적 특징을 지니는 존재이며, 자주적 요구와 창조적 능력은 사회적으로 형성되어 발전하는 사회적 속성이다. 따라서 사회적 존재가 물질적 존재로서의 공통성을 전혀 갖지 않는다는 것을 의미하는 것이 아니라, 사회적 속성에는 물질의 속성으로서의 공통성이 있다는 것을 의미한다. 인간은 생명 물질의 유구한 진화 발전의 산물이며, 생명 물질은 무생명 물질의 유구한 진화 발전의 산물이다.

이 세 가지는 물질의 역사 발전의 기본적 단계를 이루는 물질적 존재이다. 물질적 존재가 발전하면 그것에 체현되어 있는 속성도 발전하고, 그 발전은 계승과 혁신의 두 측면을 가지기 때문에 발전 단계를 달리하는 물질적 존재 사이에서는 질적 차이가 있을 뿐 아니라 그와 같은 질적 차이 가운데 일정한 유사성도 존재한다.

가장 발전된 물질의 본질적 속성 그 자체는 저급한 물질에는 존재하지 않지만, 그것을 암시하는 유사성은 저급한 물질에도 있을 수 있다. 이와 같은 시각에서 인간의 자주적 요구와 창조적 능력과 같은 것은 아니지만 그것을 암시하고 일정한 유사성을 띤 속성은 생명 물질과 무생명 물질에서도 발견할 수 있다.

무생명 물질과 생명 물질 및 사회적 존재는 물질로서의 공통성을 가짐과 동시에 차이를 지닌다. 무생명 물질과 생명 물질은 생명을 지니는 것과 지니지 못하는 것의 질적 차이를 가진다. 생명 물질과 사회적 존재는 모두 생명을 지니는 공통성을 가지고 있지만, 자주적 요구와 창조적 능력을 가지는 것과 가지지 못하는 것의 질적 차이를 가진다.

생명 물질이 생명을 지니고 있다는 것은 그것이 생존하고자 하는 요구와 그와 더불어 합목적적으로 작용하는 생활능력을 가지고 있다는 점에서 표현된다. 인간도 생명을 지니는 물질인 이상, 생존하려고 하는 요구와 생존능력을 지니고 있다는 점에서는 동물과 공통점을 지닌다. 그러나 인간의 생존하고자 하는 요구와 생활능력을 동물의 그것과 대비할 때 인간의 그것이 훨씬 우월하며 질적으로 고차

원의 발전단계에 있는 속성이라는 것을 알 수 있다.

　물론 생명 물질과 무생명 물질은 질적으로 상이한 물질이기 때문에 무생명 물질에도 생명 물질과 같이 개체 보존과 종 보존의 본능적 요구 및 그에 따라 작용하는 생활능력이 있다고는 생각할 수 없다.

　그러나 물질 자신이 운동의 원인과 원동력을 가진다는 유물론적 원리에서 보면 무생명 물질에도 일정한 성질이 있다는 것은 분명하다. 현대의 물리학이 이것을 증명하고 있다.

　빅터. F. 바이스 코프 교수는 그의 저서 《지식과 경이》(1966)에서 원자의 3가지 기본적 특징으로 ① 안정성 ② 동일성 ③ 복원성을 들면서 다음과 같이 설명하고 있다.

　안정성이라는 것은 원자가 심한 충격이나 기타 영향을 받아도 특유의 성질을 보존하는 성질이고, 동일성이라는 것은 같은 종류의 모든 원자(같은 전자수 Z)는 거의 동일한 성질을 보인다는 것으로 같은 진동수의 빛을 흡수하기도 하고 방출하기도 하며 똑같은 크기, 형태, 내부 운동을 가진다는 성질이다. 복원성이라는 것은 만일 원자가 왜곡되어 높은 압력이나 가장 가까운 원자에 의해 전자궤도가 변화되었다 해도 왜곡된 원인이 제거되면 정확히 원래와 똑같은 형태와 궤도로 되돌아간다는 성질이다.

　이처럼 원자가 가진 안정성, 동일성, 복원성 등의 성질은 무생명 물질이라도 모든 물질은 물질로써 고유한 성질은 보존하려는 성질을 가진다는 것을 보여준다. 즉 무생명 물질이라도 인간처럼 목적의식적이거나 동물처럼 본능적 생명활동은 아닐지라도 자기의 고유한 성질을 보존하려는 지향성을 가진다는 것을 보여준다.

이와 같은 지향성은 물질이 자기 특성을 보존하기 위해서는 자기를 발전시키지 않으면 안 되기 때문에 자기 보존성에는 자기 발전성까지 포함할 수 있을 것이다. 그렇기 때문에 물질이 지닌 자기를 보존하려는 성질과 자기를 보존하기 위해 자기를 발전시키지 않으면 안 되는 성질을 우리는 무생명 물질 운동의 근본 원인이라고 본다. 그리고 우리는 무생명 물질이라도 자기를 보존 발전시키려는 성질을 운동의 주체로써 무생명 물질이 지닌 본질적 속성이라고 본다.

인간중심의 철학에서 무생명 물질도 자기 존재를 유지하려는 성질이 있다고 가정하는 것과 과학자들이 물질에는 자기 안정을 유지하려는 성질이 있다고 가정하는 것은 똑같은 것이다. 따라서 자기를 보존하려고 하는 성질과 그것을 실현할 수 있는 능력이 물질적 존재에 따른 차이는 있어도 공통된 속성이라고 볼 수 있다.

무생명 물질의 자기를 보존하려고 하는 성질과 그것을 실현할 수 있는 능력은 생명 물질의 생존하려고 하는 요구 및 생활능력과는 질적으로 다른 것이고, 동물의 생존하려고 하는 요구와 생활능력은 인간의 자주적으로 살고자 하는 생활적 요구 및 창조적인 생활능력과는 질적으로 다르다.

발전단계별로 물질이 질적인 차이가 나타나는 것은 이들 물질이 모두 물질의 결합체라는 공통성을 가지고는 있지만, 그 결합 수준에서는 큰 차이가 나기 때문이다. 물질의 결합 수준이 높은 물질일수록, 즉 대립물의 통일 수준이 높을수록 더 발달한 물질이다. 그래서 인간은 가장 복잡한 대립적 요소의 결합체로써 가장 정밀한 유기적 통일체이고 가장 발달한 물질적 존재이다.

이와 같이 모든 물질은 공통된 객관적 실재성과 함께 발전 수준에 상응하는 각각의 요구와 능력을 갖고 있다는 것이 분명하다. 즉 무생명 물질은 자기의 속성을 보존하려고 하는 요구와 그것을 실현하는 능력을 지니고 있으며, 생물학적 존재는 생존하고자 하는 요구와 생존능력을 갖고 있으며, 사회적 존재인 인간은 자주적 요구와 그것을 실현할 수 있는 창조적 능력을 가지고 있다. (그림1 참조)

물질의 주체성	자주적 요구와 창조적 힘			★
	생존의 요구와 힘		★	★
	자기 보존의 요구와 힘	★	★	★
구분		무기물	유기물	인 간 (사회적존재)
물질의 객관성				

[그림1]

발전단계를 달리하는 물질이 지니는 보존성, 생존성, 자주성을 보편적인 철학적 개념으로서 명명하면, 물질의 객관성에 대한 주체성이라고 말할 수 있을 것이다. 그러므로 물질은 객관성과 함께 주체성을 지니게 된다.

물질의 운동은 객관적 실재성을 전제하지만, 이러한 주체성이 그 운동에서 주도적 역할을 수행한다. 인간의 운명은 물질의 객관적 실재성에 기초하여 인간의 주체성, 즉 자주적 요구와 창조적 능력에 의해 개척된다.

요약하면, 무생명 물질(유기물)은 자기를 보존하려고 하는 요구가 있고 보존할 수 있는 힘을 지니고 있다. 생명 물질(생물학적 존재)은 생존하고자 하는 요구와 그것을 실현할 수 있는 생존력을 가지고 있다. 인간은 자주적으로 살고자 하는 요구와 그것을 실현할 수 있는 창조적인 힘을 갖고 있다. 이와 같이 물질이 보존하려고 하는 요구와 힘, 생존하고자 하는 요구와 힘, 자주적 요구와 창조적 힘은 물질의 발전 수준에 따라 다르지만, 어떠한 물질도 요구와 힘을 지니기 때문에 물질은 존재하고 발전하는 것이다.

물질이 지니는 이 요구와 힘이야말로 물질의 객관적 실재성에 대한 주체성이다. 인간의 자주적 요구가 높아지고 창조적 힘이 발휘됨으로써 비로소 운명은 개척된다. 물질이 지니는 요구와 힘은 인간중심 철학의 기본적 내용으로 규정한다.

이상과 같은 물질개념의 분석에 따른 결론은 마르크스주의 이전의 유물론을 소박한 기계론적 혹은 주관적 유물론이라고 한다면 마르크스주의 유물론은 과학적이고 객관적인 유물론이라고 말할 수 있으나, 인간중심의 세계관이 해명하는 유물론은 과학적이며 객관적인 것을 전제로 하여 물질의 주체성을 밝힌 주체적 유물론이라고 말할 수 있다는 것이다.

4) 물질의 존재와 속성

물질의 존재와 그 속성은 불가분하게 연결되어 있다. 성질 그 자체가 물질은 아니다. 물질의 성질은 물질이 가지고 있는 성질을 말하는데 그것은 눈으로 볼 수도 손으로 만질 수도 없지만 물질에 속하는 성질이다. 그렇기 때문에 그것을 물질의 속성이라고 부른다.

물질이 없다면 성질도 없고, 성질을 갖지 않는 물질 또한 존재하지 않는다. 물질의 속성 중에는 여러 물질에 공통된 것도 있고, 특정한 물질에만 고유한 것도 있다. 보통 어떤 물질의 질이라고 하는 경우는 그 물질에 고유한 속성을 가리킨다. 물질의 속성은 다른 물질과 관계에서 반응으로 나타나기 때문에 그 자체로는 볼 수도 만질 수도 없다. 어떤 물질이 다른 물질과 상호작용에서 그것을 끌어들인다면, 그 물질이 다른 물질을 끌어들일 수 있는 속성을 가지고 있기 때문이라고 볼 수 있다.

물질의 속성인 질은 어디까지나 그 물질에 속해 있고 단지 다른 물질과의 관계에서 그것이 작용하고 표현될 뿐이다. 물질에 양적 규정성 밖에 다른 물질과 반응하는 속성이 없다면 물질의 운동, 변화, 발전은 일어날 수 없을 것이다. 실로 물질이 다른 물질에 대해 반응성을 가지고 있기 때문에 물질의 상호작용이 일어나고 변화 발전이 생기는 것이다.

물질 그 자체와 성질을 똑같은 것으로 보아서는 안 된다. 물질의 성질은 어디까지나 물질을 떠나서는 작용할 수 없고, 또 물질의 속성이 작용할 때에는 반드시 물질의 운동이 뒤따르지 않으면 안 된다. 그러나 속성은 물질이 아니다. 물질의 속성(질)은 눈으로 볼 수도 만질 수도 없지만 그렇다고 이해할 수 없는 신비한 것은 아니다. 왜냐하면 물질의 성질은 직접 눈으로 볼 수 없어도 성질을 체현하고 있는 물질은 눈으로 볼 수도 있고 양적으로 파악할 수도 있다. 또한 물질의 성질은 물질의 운동으로 나타나기 때문이다. 물질의 성질은 물질과 떨어져 있는 것이 아니고 물질 속에 있는 성질, 바로 물질의 속성인 것이다.

관념론자들은 물질의 속성을 물질로부터 떼어내서 객관적으로 존재하는 독립된 물질적 존재인 것처럼 이해한다. 그래서 헤겔은 세계사를 절대정신의 자기 발전이라고 생각했다.

물질의 존재와 속성은 동일한 것이 아니다. 때문에 우리가 물질의 발전 정도를 비교할 때 속성과 존재를 동일한 차원에서 비교해서는 안 되고, 반드시 존재는 존재와 비교하고 속성은 속성과 비교해야 된다.

정신은 존재가 아니고 물질의 속성이기 때문에 존재와 속성을 비교해서 어느 것이 먼저이고 어느 것이 나중이냐고 논하는 것은 어리석다. 물론 물질적 존재가 있고서 속성이 있기 때문에 속성은 존재를 전제하지 않으면 안 된다. 그렇기 때문에 정신과 물질 중 어느 것이 먼저 존재했는가를 밝히기 위해서는 정신작용을 가진 물질이 먼저 존재했는가, 정신작용을 갖지 않는 물질이 먼저 존재했는가를 밝히지 않으면 안 된다.

또한, 정신작용을 가진 물질에서 정신작용을 갖지 않은 물질이 발생한 것인가, 아니면 정신작용을 갖지 않는 물질의 발전 결과로써 정신작용을 갖는 물질이 발생했는가를 해명하지 않으면 안 된다. 애초에 정신과 물질 가운데 어느 것이 먼저 존재했는가 하는 식으로 문제를 설정하는 것 자체가 비과학적이다.

이미 과학은 정신작용을 갖지 않는 단순한 물질이 먼저 존재하고 그들 물질이 결합해서 더욱 고급한 물질로 진화 발전하는 과정에서 가장 발달한 물질적 존재의 속성인 정신작용이 발생했다는 것을 밝히고 있다. 이로써 정신이 물질과 똑같이 독립적으로 존재하는 실체로 생각하는 관념론자의 오류가 밝혀졌다.

그러나 의식이 물질이 지닌 속성이라고 해서 의식이 수행하는 역할을 낮게 평가하는 것은 잘못이다. 원래 정신은 존재가 아니고 속성이기 때문에 물질적 존재에 의해 규정되기는 하지만 가장 발달한 물질의 가장 고도한 기능이기 때문에 발전이 느린 물질의 저급한 기능보다 우위에 있고, 물질의 상호작용에서도 주동적인 역할을 수행한다. 물질의 선행성을 강조하는 나머지 정신작용의 주동적인 역할을 부정하는 것은 유물론의 원칙과 관계없다. 정신은 존재가 아니기 때문에 물질과의 관계에서는 선행성을 가질 수 없으나, 의식이나 정신은 가장 발달한 물질의 속성이기 때문에 속성의 면에서는 발전이 느린 물질의 속성에 비교해서 우월성을 갖는 것은 당연하다.

의식이나 정신은 물질로부터 생겨나고 물질로부터 규정되지만, 정신적 작용이 수행하는 주동적 역할은 부정할 수 없을 뿐 아니라 그 역할은 매우 크다.

5) 물질의 양과 질

물질은 일정한 양을 가지고 존재한다. 따라서 물질의 존재는 물질의 양에 있어서 더욱 구체적으로 나타난다. 그러나 물질의 존재, 존재하는 물질은 단지 양만을 가질 뿐 아니라 일정한 질도 가지고 있다. 모든 물질은 양적 규정성과 질적 규정성의 통일이다.

　물질의 양과 질은 밀접한 연관 속에서 상호작용을 하고 서로 의존하면서 통일되어 있다. 물질의 양은 질의 기초이다. 왜냐하면 물질은 먼저 양적으로 존재하고, 양적으로 존재하지 않고 질적으로만 존재하는 물질은 세상에 없기 때문이다. 이런 의미에서 물질의 양적 규정성이 질을 규정한다고 말할 수 있다. 물질의 양적 규정성에는 반드시 일정한 질적 규정성이 상응한다. 한편 물질의 질이 양을 규정하는 면이 있다.

　물질의 양적 존재 자체를 변화시키는 것은 물질의 질이다. 왜냐하면 물질의 질이 물질 운동의 원인으로 되고 그 운동에 의해 다른 물질과 결합하기도 하고, 배척하기도 하여 물질의 존재 양식을 규정하기 때문이다. 이런 의미에서 물질의 양은 질에 의존한다고 말할 수 있다. 곧 물질의 양적 발전과 질적 발전 사이에는 물질의 양적 변화에 따라 질이 변화하는 면이 있을 뿐 아니라 질의 작용에 의해 양이 변화하는 측면도 있다.

　물질의 양적 규정성과 질적 규정성은 모두 존재를 규정하는 지표이다. 물질은 오직 다른 물질과 상호작용을 통해서만 변화한다. 상호작용 과정에서 물질은 분열하기도 하고 결합하기도 한다. 다른 물질을 끌어들이기도 하고 끌려가기도 하며 물질이 서로 결합하기도 하고 분리하기도 한다. 그리고 이와 같은 과정에서 물질의 양이 변하고 질이 변화한다. 다른 물질과의 이와 같은 상호작용은 물질의 속성, 즉 질의 작용이다.

물질의 능동적인 측면을 대표하는 것은 양이 아니고 질이다. 물질 운동의 원인과 원동력은 질적 규정성에 속한다. 물질 운동의 원인과 원동력으로 되는 자기 특성을 보존하려고 하는 성질과 이 성질에 의해 운동하는 능력이 다름 아닌 물질의 질이다.

인간이 물질에 대해 절실한 이해관계를 갖는 것은 물질의 양이 아니고 그 성질이다. 물질의 성질 중에는 인간에게 유익한 것도 있지만 해로운 것도 있다. 따라서 우리에게 중요한 것은 물질이 얼마나 유익한 성질이 있고 얼마나 불리한 성질이 있는가를 밝히는 것이다. 그러므로 인식의 출발점은 물질의 양에 대한 인식이 아니고 그 성질에 대한 인식이다.

인간은 현존하는 물질의 성질을 이용할 뿐 아니라 물질의 성질을 자기 요구에 맞게 개조하는 것에도 이해관계를 갖는다. 인간의 창조적 활동의 기본 내용은 물질의 성질을 자기 요구에 맞게 개조하는 것이다. 일반적으로 인간에게 유익한 물질의 성질을 만들기 위해서는 여러 가지 물질 요소의 일정량을 일정한 구조로 결합하지 않으면 안 된다. 그것은 물질의 성질이 그것을 구성하는 각종 물질의 결합 구조에 따라 달라지기 때문이다.

헤겔은 순수한 유(有)(순수한 존재)로부터 출발했는데 그는 어떤 규정성도 없는 이 순수한 유는 무(無)와 똑같다고 보았다. 그에 의하면 순수한 유가 현실적으로 존재하기 위해서는 반드시 존재에 대한 어떤 규정성을 갖지 않으면 안 되는데, 이 규정성이 질이고 질이 다름 아닌 존재 양식이라고 보고 질과 존재를 동일시했다.

이처럼 질과 존재를 일치시키는 것이 헤겔 관념론의 특징이다. 관념론은 사물의 성질 그 자체를 존재 또는 실체로 보는 견해이다. 관념론자는 물질의 속성인 정신을 존재로 간주하고 물질적 존재는 정신 이외의 존재 형식이라고 주장한다. 그러나 정신작용은 물질의 존재가 아니고 물질의 고도한 성질의 작용이다. 물질의 성질을 존재로 보아서는 안 되고 그와 같은 성질을 지닌 물체의 실체를 존재로 보아야 한다.

모든 물질은 양적 규정성과 질적 규정성의 통일적 존재다. 양적 규정성만 가지고 있는 물질이나 질적 규정성만 가진 물질 등은 있을 수 없다. 그렇기 때문에 양과 질 중에서 어느 것을 출발점으로 삼든 상관없는 듯이 보인다. 그러나 유물론은 물질이 있고 비로소 운동이 있기 때문에 일정량의 물질이 존재하여 비로소 그 물질에 체현되는 성질이 있다는 관점에서 출발한다.

물질의 양과 질은 물질구조에 의해 보장되고 규정된다. 원래 양과 질은 물질 그 자체의 규정성이기 때문에 그들의 통일은 물질 자체에 의해서만 보장된다. 어떤 물질이 하나의 물체로 통일되어 일정한 양과 질을 갖는다는 것은 물질이 일정한 내부 구조로 결합된다는 것이다.

내부 구조가 파괴되면 물질의 통일도 파괴되고, 물질의 통일이 파괴되면 물질의 양과 질의 통일이 파괴된다. 이것으로부터도 물질의 양과 질을 통일시키는 것은 물질의 내부 구조라는 것을 알 수 있다.

물질의 양적 발전과 질적 발전은 상호 연관되어 있다. 물질이 서로 결합하면 더욱 발전된 물질이 생길 수 있다. 다른 특성을 가진 물질이 많이 결합할수록 더 복잡하고 고급한 성질과 우수한 운동능력을 가진 새로운 물질이 발생한다.

물질의 결합 수준이 높아짐에 따라 더욱 고도의 주체적 속성과 주동성을 가진 새로운 물질이 발생한다는 진리로부터, 우리는 무생물의 진화 과정에서 생명 물질이 생기고 단순한 생명 물질이 진화해서 가장 고급한 생명 물질이 생겼다는 것을 이해할 수 있다.

생명은 물질의 양적 규정성이 아닌 질적 규정성에 속한다. 생명은 물체가 아니라 속성이기 때문에 볼 수도 만질 수도 없지만 결코 신비한 것은 아니다. 그것은 고급한 물질의 속성에 불과하다.

인간의 생명은 가장 발달한 물질의 속성이다. 그것은 인간의 육체적 존재에 체현되고 있는 물질의 속성이다. 육체를 떠난 생명은 존재하지 않는다. 그러나 육체의 운동을 지배하는 것은 물질의 속성인 생명이다.

생명체의 속성을 떠나서는 생명체의 존재 그 자체를 생각할 수 없다. 인간의 정신작용은 생명체의 속성이다. 그것은 뇌수라는 물질적 조직을 가진 육체를 떠나서는 작용할 수 없지만, 그것이 육체의 운동을 지배하는 것도 사실이다. 관념론자가 정신이 육체를 지배하는 초(超)물질적인 실체라고 착각하는 것도 이 때문이다.

세계의 사물은 상대적인 질적 안정성과 끊임없는 변화 발전과의 통일이다. 모든 사물이 일정한 질을 가지고 있다는 것은 모든 사물이 상대적인 안정 상태에 있다는 것을 의미하고, 모든 사물이 운동 변화 과정에 있다는 것은 그 안정성이 절대적이지 않고 상대적이라는 것을 보여준다.

물질의 양적 변화는 상대적 안정성을 가진 같은 질의 틀 안에서의 변화이고, 물질의 질적 변화는 낡은 질의 틀이 파괴되어 새로운 질이 생기는 변화이다. 양적 변화에서도 양적 규정성만이 아니고 질적 규정성의 변화까지도 뒤따르는데 이 변화는 낡은 질을 파괴하는 정도까지는 아니고 그 틀 안에서 행해진다. 보통 하나의 질적 상태 안에서의 변화는 상대적 안정 상태에서의 변화이기 때문에 서서히 진행하지만 낡은 질이 파괴되어 새로운 질이 생길 때의 변화는 상대적인 안정 상태가 파괴되는 변화이기 때문에 급격하고 비약적으로 일어난다.

이상과 같은 물질 개념의 분석에 따른 결론은 마르크스주의 이전의 유물론을 소박한 기계론적 혹은 주관적 유물론이라고 한다면 마르크스 엥겔스는 '세계는 객관적으로 존재하는 물질로 이루어지고 그것은 끊임없이 변화 발전한다'는 변증법적 유물론의 진리를 밝혔다.

따라서 마르크스주의 유물론은 과학적이고 객관적인 유물론이라고 말할 수 있으나 인간중심의 철학이 해명하는 유물론은 과학적이며 객관적인 것을 전제로 하여 물질의 주체성을 밝힌 주체적 유물론이라고 말할 수 있다는 것이다. 동시에 물질세계에서 가장 발달한 존재는 인간이고 인간만이 세계에서 유일하게 자주성과 창조성, 그리고 사회적 협조성과 의식성을 가진 물질적 존재라는 점을 해명했다. 그리고 이 해명을 출발로 하여 마침내 무생물에 관해서도 인간중심 철학의 물질관을 확립한 것이다.

마르크스주의는 운동 발전의 담당자가 지니는 본질적 속성의 작용과 운동 발전이 어떠한 관계에 있는지를 추구할 수 없었다. 마르크스주의는 물질의 운동 발전 능력, 자기 갱신 능력의 작용을 고려하는 것이 아니라 양의 질로의 이행, 대립물의 통일과 투쟁, 부정의 부정의 법칙을 고려하면서 운동 발전의 형태상의 공통성을 찾았다.

제3장
세계는 어떻게 변화 발전하는가?

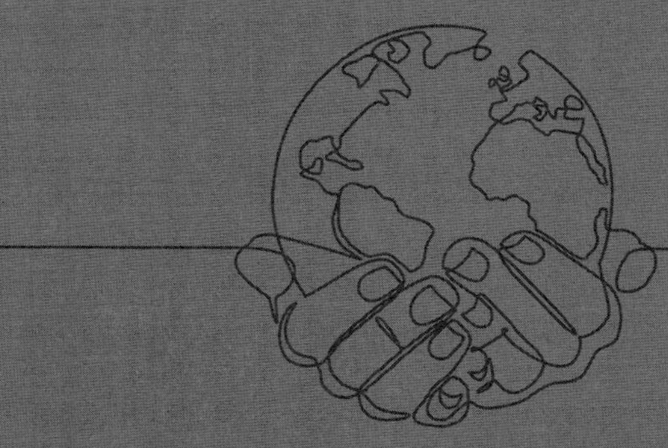

원래 변증법은 대화에서 상대방 주장의 앞뒤가 맞지 않는 모순을 적발하여 자기주장의 정당성을 논증하는 논법이라는 의미를 가지고 있었다.

헤겔이 사유의 법칙이 세계 만물을 지배하는 법칙으로 된다고 주장한 이후부터 변증법은 변화 발전의 논리를 의미하는 것으로 되었다. 여기서 변증법이라는 용어는 운동 발전의 본질을 밝혀주는 원리로 이해하면 된다.

주지하는 바와 같이 종래의 마르크스주의의 철학적 세계관은 유물변증법이었다. 그것에 따르면, 세계는 물질로 이루어져 있고 고정 불변한 것이 아니며, 어떤 조건하에서 발생하고 일정한 역사적 과정을 통해서 발전하며, 어떤 계기에 의해서 소멸 또는 교체한다. 이것은 영원히 견지해야 할 보편적 진리를 포함하고 있다.

물질은 어떠한 법칙에 따라서 발전하는가를 입증하는 것이 변증법의 3대 발전법칙이다.

간단히 요약하자면,

제1의 법칙은 질량의 법칙이다. 물질의 양이 확대 발전하고 일정한 한계에 달하면, 양은 질로 변화 발전한다는 법칙이다.

제2의 법칙은 3대 법칙의 요체가 되는 대립물의 통일과 투쟁의 법칙이다. 세계에 있어서 물질은 모두 대립물의 통일로 이루어져 있으며, 따라서 대립물의 사이에는 반드시 모순이 있고, 이 모순을 해결하기 위해 투쟁이 진행된다. 이 투쟁에 의해 사물은 발전한다고 했다. 이 경우 마르크스주의자들은 통일은 상대적이지만 투쟁은 절대적인 것이라고 설명하고, 계급투쟁 지상주의를 주장하는 것이다.

제3의 법칙은 부정의 부정의 법칙이다. 낡은 것을 부정하지 않으면 새로운, 보다 발전한 것은 발생하지 않는다. 예를 들면 봉건체제를 부정해서 그보다 발전한 새로운 체제가 발생하고, 사회는 발전하는 것이다.

이와 같이 사물의 발전에 관한 법칙을 해명한 유물변증법은 철학사에 불멸의 공적을 남겼다. 그러나 과학은 시대와 더불어 항상 발전한다. 유물변증법도 역사적 제약에서 벗어날 수는 없다.

여기서는 종래의 마르크스주의의 변증법의 잘못된 점을 지적하고 인간중심의 철학에서 밝힌 변증법을 중심으로 기술하고자 한다.

1. 양과 질의 통일의 법칙

마르크스주의의 철학적 세계관에서는 유물변증법의 제1의 법칙을 질량의 법칙이라고 한다.

즉, 사물의 발전은 양의 확대 발전에 기초하여 질로 발전한다. 양의 확대가 일정한 한계에 도달하면 질로 전환한다. 양질의 물질이 많아지면 세계는 발전하고, 인간의 생활은 좀 더 풍부해지고 발전한다.

일반적으로 물의 온도는 100도가 되면 수증기로 변한다는 것을 예로 들어 양에서 질로의 변화를 설명하고 있다. 같은 화폐일지라도 1만 원이나 10만 원 정도의 양이라면 단순한 화폐에 지나지 않지만 1천만 원 혹은 1억 원의 양이 되면, 화폐는 자본으로 변화하고 그 기능도 변한다.

사회를 예로 든다면, 자본주의가 고도로 발전하면 이미 자본주의 체제 내에서는 생산이 확대되지 않게 되어 질이 다른 사회주의 사회로 발전한다고 마르크스주의자들은 말한다. 이 경우 양보다 질을 중시하게 된다. 양에서 질로의 발전이기 때문에 '질량의 법칙'이라는 표현은 '양질의 법칙'이라고 부르는 것이 정확할지도 모른다.

따라서 인간중심의 철학에서는 위의 '질량의 법칙'을 '양과 질의 통일의 법칙'이라고 표현하고자 한다.

여기서 〈통일〉이라는 말은 다른 것이 동시에 같다든가 서로 대립하고 있는 것이 상호 전환된다는 의미가 아니라 '뗄 수 없는 관계'라는 것으로 이해하면 된다.

세상에 존재하는 모든 것은 다 일정한 양의 물질적인 존재로 이루어져 있으며 그것은 다 자기 존재를 보존하려는 성질을 가지고 있다. 이것은 모든 사물이 양적 측면과 질적 측면을 가지고 있다는 것을 말해준다.

인간이 어떤 대상에 대하여 관심을 갖고 그것이 무엇인가를 알려고 할 때는 그 대상이 어떤 양의 물질로 이루어져 있고 어떤 성질을 가진 존재인가를 확인하는 것이 필요하다. 양과 질을 알아야 해당 사물의 특징을 알았다고 볼 수 있으며, 그 사물에 대하여 인간이 올바른 태도를 가질 수 있다. 여기서 물질은 객관성만 가진 존재인 것이 아니라 자기를 보존하려는 주관성도 가지고 운동하는 존재로 이해해야 한다.

또한, 양질의 법칙을 존재와 운동의 법칙이라고 할 수 있을까?

모든 사물이 가지고 있는 성질은 본질상 자기 존재를 보존하려는 근본 성질(속성)의 표현이라고 볼 수 있다. 그런데 모든 사물을 이루고 있는 물질의 양과 존재 형태는 다 다르다. 따라서 자기 존재를 보존하려는 성질도 모두 다른 형태로 표현되게 된다. 즉 대상의 양적인 특징이 다른 것만큼 대상의 성질도 그만큼 다 다르다. 양과 질의 이런 관계를 보통 학술적으로는 대상의 다양한 양적 규정성에 다양한 질적 규정성이 상응한다고 표현한다.

양적 규정성은 사물의 양의 특징을 규정하여 주는 징표를 의미하며, 질적 규정성은 사물의 성질을 규정하여 주는 징표를 의미한다.

모든 사물은 다 각각 자기에게 고유한 양적 규정성과 질적 규정성을 가진 특색 있는 독자적인 대상으로 존재하지만, 다른 대상과 연관 없이 고립적으로 존재하는 사물은 없다. 그러므로 모든 사물은 다른 사물과 구별되는 자기 특성을 보존하기 위한 운동과 다른 대상과의 공통적인 특성을 보존하기 위한 운동을 하게 된다. 물질적 대상의 자기를 보존하려는 성질은 자기 존재의 특성을 보존하기 위한 운동으로 표현된다. 이와 같은 관점에서 보면 양과 질의 관계는 존재와 운동 간의 관계와 일치된다고 볼 수 있다. 사물의 성질과 사물의 운동의 특성은 일치한다. 그러므로 양과 질의 통일의 법칙을 존재와 운동의 법칙이라고 할 수 있다.

마르크스주의 창시자들은 운동을 물질의 존재 방식이라고 하면서 운동의 원인이 무엇인가를 묻는 것은 존재의 원인이 무엇인가를 묻는 것처럼 무의미하다고 주장하였다. 마침내 그들은 모순이 운동의 원인인 것같이 주장하였다. 운동의 원인을 캐는 것은 무의미한 것이 아니라 매우 중요하며, 운동의 근본 원인은 물질적 존재의 자기 보존성에 있다.

인간의 운명 개척과 관련하여 양질의 법칙이 가지는 가장 중요한 의미는 사람들에게 온갖 신비주의와 미신에서 벗어나 인류의 끝없는 발전의 가능성에 대한 신심(信心)을 안겨주는 데 있다.

인간은 자기의 생존과 발전을 보장하는 데 필요한 성질을 가진 대상에 대해 깊은 관심을 갖는다. 그러한 대상의 성질을 이용함으로써만 자기의 생존과 발전을 실현할 수 있기 때문이다.

인간은 보통 물질의 양에 대해서는 신비롭게 생각하지 않는다. 그러나 인간의 생존과 발전에 도움을 주든가 방해가 되는 물질의 성질에 대해서는 큰 관심을 갖고 대한다. 특히 인간의 힘으로는 통제할 수 없는 물질의 성질에 대해서는 그것을 신비화하고 심지어 숭배하기까지 한다. 이리하여 태양의 위대한 힘, 바다의 막강한 힘 같은 것을 신비화하고 숭배하는 물질 숭배 사상이 나오게 되었다.

인간의 정신도 사회적 존재라는 인간 존재의 성질이지만 정신작용의 비범한 특성을 이해할 수 없다는 데서 정신을 그 존재와 분리시켜 마치 독자적으로 작용하는 보이지 않는 실체와 같이 신비화하여 생각하는 관념론이 나오게 되었다. 이런 점에서 관념론은 물질적 존재의 성질(속성)을 그것의 모체와 분리시켜 객관적인 물질적 존재와 동격으로 또는 그 이상의 존재로 인정하는 착각의 산물이라고 볼 수 있다.

인간은 마침내 물질의 성질이 물질적 존재의 양적 규정성에 의해 규정된다는 것을 발견하게 되었다. 단순한 물질적 존재는 단순한 성질밖에 가지지 못한다. 각이한 성질을 가진 요소들이 결합된 복잡한 물질적 존재는 여러 가지 복잡한 작용을 할 수 있는 성질을 갖게 된다.

그러면 양적 규정성의 기본 내용은 무엇일까? 그것은 물질적 존재를 이루고 있는 구성 요소들과 그것들의 결합방식(결합구조)이다. 물질적 존재를 구성하고 있는 각이한 요소들과 그것을 결합시키는 결합구조, 결합방식이 물질적 존재의 양적 규정성이며, 이러한 양적 규정성이 달라지면 물질적 존재의 성질도 달라진다.

일반적으로 물질의 최소단위를 원자라고 인정하고 있다. 자연적으로 존재하는 각각의 성질이 다른 원자의 종은 92개이다. 그 가운데서 가장 단순하고 가장 가벼운 원자가 수소 원자이고, 가장 복잡하고 무거운 원자가 우라늄 원자이다.

원자는 원자핵과 그 둘레를 도는 전자로 구성되어 있다. 원자핵을 구성하고 있는 입자는 양성자와 중성자이다. 양성자는 양전기를 띤 핵입자이고, 중성자는 전기를 띠지 않는 핵입자이다. 전자는 음전기를 띤 입자이다.

양성자의 무게(질량)는 전자 무게의 1,840배가량 된다. 원자핵을 구성하고 있는 양성자의 수와 그 둘레를 도는 전자의 수에 의해 원자의 성질이 달라진다. 또한 원자들이 결합되어 분자를 이루고 있는데 분자의 성질은 분자를 구성하고 있는 원자들의 수와 그것들의 결합구조에 의해 규정된다.

구성요소와 결합구조의 차이에 따라 물질의 성질이 달라진다는 것은 비단 원자와 분자의 경우뿐 아니라 가장 발달한 존재인 사회적 존재에 이르기까지 보편성을 가진 진리이다.

세상 만물은 다 차이성을 가지고 있으며 차이성은 모두 존재의 보편적 특징이다. 또한 세상 만물은 다 공통성을 가지고 있으며 공통성(동일성)도 모든 존재의 보편적 특징이다.

세상에는 똑같은 것도 존재하지 않으며, 완전히 다른 것도 존재하지 않는다. 일반적으로 사람들은 모든 사물이 물질적인 존재로서의 공통성을 가지는 데 대해서는 이해하며, 이러한 공통성이 보편적이라는 것을 인정한다. 그러나 세상에 똑같은 것은 존재하지 않고 다 다르다는 것 역시 모든 사물에 공통적인 보편적 특징이라는 데 대해서는 잘 이해하지 못하고 있다.

사물과 사물 사이에서 상대적으로 공통성이 많고 차이성이 적을 수 있으며, 반대로 상대적으로 차이성이 많고 공통성이 적을 수는 있어도 완전히 같기만 하고 완전히 다르기만 한 존재는 있을 수 없다. 완전히 같은 것으로 보여도 그것은 아직 인간이 양자 간의 차이를 관측할 능력이 없기 때문이지 그것들이 완전히 같을 수는 없다. 그러므로 원자나 소립자를 포함하여 모든 물질은 일정한 거리 이상으로 접근하면 서로 맹렬히 배척하여 자기의 차이성을 보존하려고 한다.

세상 만물이 공통성을 가지고 있으면서도 끝없이 다양하다는 것은 사물의 변화 발전에서 어떤 의의를 갖는 것일까?

객관적 존재로서의 동일성과 서로 다른 성질을 가진 사물이 결합되면 동일성도 강화되고 차이성도 강화된다. 동일성은 객관적 존재로서의 물질적 힘이며 차이성은 자기 보존성과 그 표현인 주동성과 능동성이다. 여기서 결합이 새로운 사물 발전의 원인이라는 것을 알 수 있다. 또 자기 보존성과 물질적 힘이 약한 존재로부터 물질적 힘과 자기 보존성이 강한 새로운 발전된 존재가 발생하는 원인 역시 각이한 존재의 결합에 있다는 것이 명백하게 드러났다.

이것은 결국 보다 많은 다양한 존재가 결합될수록 보다 더 자기 보존성과 주동성, 능동성이 강한 사물이 발생할 수 있게 된다는 것을 말해준다.

다양한 물질이 결합되어 자기 보존성과 운동의 주동성과 능동성이 높아지는 과정에 다른 물질을 섭취하여 자기 조직으로 만들고 자기 조직을 복제할 능력을 가졌을 때, 즉 동화작용과 이화작용을 하고 유전자를 가지게 될 때 생명 유기체가 발생하였다고 한다.

생명 유기체가 더욱 다양한 물질적 요소들과 결합되어 자기 보존성과 주동적이며 능동적인 운동능력이 계속 강화되는 과정에서 자기 보존성과 주동성, 능동성이 질적으로 강화되어 정신력이 발생하게 된다.

우주 물질의 98%는 수소, 헬륨, 산소, 탄소, 질소, 네온의 6개 원소가 차지한다는 것은 앞에서도 언급했다. 여기서 수소 원자 2개와 산소 원자 1개가 결합되어 물 분자를 형성하는데, 무기화합물 가운데 가장 많은 분자가 물 분자라고 볼 수 있다. 많은 원자들이 결합할수록 분자량이 커진다. 분자량은 분자를 구성하고 있는 원자들의 질량의 총합과 같다.

분자량이 클수록 보다 많은 원자들이 결합되어 있다는 것을 의미한다. 비례 수치로 볼 때 물질의 분자량은 18인데 단백질의 분자량은 1만에서 10만까지 되고, 생명을 구성하는 데서 가장 중요한 요소인 DNA 분자의 가장 무거운 분자의 분자량은 800억이나 된다. 단백질이나 핵산 같은 것은 생명체를 구성하는 분자라고 하여 생분자라고 한다.

인간의 육체는 50조 내지 100조의 세포로 구성되어 있다고 하니까 세균과 같은 단세포 생명체보다 훨씬 많은 종류의 생분자들이 결합되어 있다는 것을 알 수 있다. 그러나 인간은 생물학적 존재만의 결합체가 아니다. 사회적 존재로서의 인간은 생명을 가진 많은 다양한 사람들과 인간이 창조한 다양한 사회적 재부와 사회적 관계가 결합되어 있다. 사회적 존재인 인간의 구성요소의 다양성과 결합구조의 우월성은 생물학적 존재인 동물과는 질적으로 다르다.

인간은 자기의 창조적 활동을 통해 자기 보존성과 주동적이며 능동적인 생명력을 끝없이 강화 발전시킬 수 있다. 결국 사물이 끝없이 다양할 뿐 아니라 끝없이 다양한 것이 끝없이 결합될 수 있다는 것은 인간의 발전이 끝없이 가능하다는 것을 말해준다.

자본주의적 민주주의는 개인 중심의 민주주의이기 때문에 개인주의가 지나치게 발전하여 개인의 자유와 다양성이 중요하다는 것을 일방적으로 강조하는 결함이 있다. 다양성은 인간의 사회적 생명력을 강화 발전시키는 중요한 요인으로 되지만 그것은 서로 결합되지 않고서는 인간의 사회적 생명력을 강화하는 요인으로 될 수 없다. 결합되지 않고 다양성만 강화하게 되면 사람들 사이의 대립이 강화되어 사회적 생명력을 약화시키는 결과를 초래하게 된다.

여기서 우리들은 자유지상주의와 같은 다양성 일면에 치우치는 사회적 풍조가 사회적 결합성을 약화시켜 사회 발전에 역행하는 반사회적, 반인륜적 행위로 된다는 것을 명심해야 한다. 이와 함께 개인의 자유와 다양한 발전을 억제하고 하나의 틀에 기계적으로 결합시키려는 것 역시, 사회 발전을 저해하는 범죄행위라는 것을 알아야 한다.

강조하거니와 모든 사물의 공통적인 특징으로 들 수 있는 것의 첫 번째는 객관성과 주관성(자기 보존성), 두 번째는 동일성과 차이성, 세 번째는 결합과 분열의 가능성이다.

결국 동일성과 차이성이 자기 보존성의 요구에 맞게 결합됨으로써 새로운, 보다 발전된 존재가 발생할 수 있다는 것이다.

물질의 구성요소와 결합구조에 의해 물질의 성질이 규정된다는 것은 인간에게 필요한 성질을 가진 어떤 물질의 구성요소와 결합구조만 알게 되면 그러한 물질을 인간이 인공적으로 만들어낼 수 있다는 것을 말해준다.

인간은 인공적으로 적지 않은 원자도 만들어 냈으며, 인간생활에 필요한 많은 귀중한 화학제품들을 인공적으로 만들어 이용하고 있다. 뿐만 아니라 오늘날에 와서는 원자나 분자와 같은 결합구조를 가지고 있는 물질을 보통 활력(活力)이라든가 운동할 수 있는 힘으로 이해되고 있는 에너지 상태의 물질로 전환시키는 기술까지 개발하고 있다.

만일 인간이 앞으로 질량을 가진 보통 물질과 에너지 상태의 물질의 구성요소와 결합구조의 차이성과 공통성을 완전히 과학적으로 해명하게 되면 임의의 성질을 가진 물질을 에너지로 전환시키고, 임의의 에너지 상태의 물질을 질량을 가진 물질로 전환시키는 것이 가능하게 될 것이다.

일반적으로 자연과학의 법칙은 인간이 변경할 수 없는 절대적인 것으로 생각하고 있지만, 운동 법칙은 사물의 필연적 운동 형태에 지나지 않는다. 인간이 새로운 물질적 존재를 만들어 내면 이와 함께 그 필연적 운동 형태인 법칙도 만들어 내게 된다.

원래 인간은 모든 물질적 존재 가운데서 가장 발전된 존재이다. 세상에 존재하는 모든 물질적 존재는 모두 인간보다 단순하고 저급한 존재이기 때문에 그것을 인간이 신비롭게 생각하는 것 자체가 잘못이다.

인간은 본질상 생물학적 존재와는 질적으로 구별되는 사회적 존재이다. 사회적 존재가 생물학적 존재와 구별되는 가장 본질적인 우월성은 자기 자신과 생활환경을 자주적으로 창조적으로 개조하면서 자기 운명을 자체의 힘으로 개척해 나간다는 데 있다. 유전적으로 어떤 소질과 기질을 물려받았는가 하는 것이 인간의 운명을 규정하는 결정적 요인이 되는 것이 아니라, 사회적 존재로서 자기를 발전시키기 위해 어떻게 노력하는가 하는 것이 결정적 의의를 갖는다.

인간에게는 창조의 자유가 있다. 우리는 미래를 창조함으로써 현재 상태를 개변시킬 뿐 아니라, 과거 역사도 재해석하고 다시 쓰도록 만들어야 한다.

인간이 자기 운명을 개척하는 데서 그 무한한 가능성에 대한 확고한 신념을 갖는 것이 무엇보다 중요하며, 그다음은 신념에 기초한 큰 뜻을 실현하기 위한 불요불굴의 노력이 중요하다. 여기서 양적인 축적은 질적인 비약을 가져오게 된다는 변증법적 명제는 커다란 교훈적 의의를 갖는다.

질적 변화는 양적 변화를 따라가는 만큼 양적 변화를 준비하지 않고 질적 변화를 기대하는 것은 잘못이다. 질적 변화가 일어나지 않으면 아직 양적 변화를 응당한 수준에서 실현하지 못한 탓이라고 생각하고 양적 변화를 위한 노력을 더욱 강화하는 것이 필요하다.

사회(사회적 존재)를 이루는 사람들과 사회적 재부와 그것들을 결합시키는 사회적 관계(사회의 결합구조)는 사회의 양적 규정성이다. 그리고 해당 사회가 자기의 생존과 발전을 실현하려는 자주적 사상과 그것을 실현할 수 있는 창조적 힘은 사회의 질적 규정성에 속한다.

사회를 구성하고 있는 사람과 사회적 재부가 질적으로나 양적으로 더욱 발전하고 사회적 관계가 보다 더 합리적인 것으로 개조되면 사회의 자주적인 사상과 창조적 능력에서 새로운 발전이 이룩될 것은 명백하다.

사회는 발전된 새로운 자주적인 사상과 창조적 능력에 의거하여 종전보다 더 큰 규모에서 생존과 발전을 위한 창조적 활동을 벌일 수 있게 될 것이며, 그 결과 사회의 구성요소와 결합구조를 더욱 발전시키게 될 것이다.

사회적 존재에서 양적 변화가 축적되고 그 결합구조에서도 큰 변화가 일어났을 때 사회적 존재가 체현하고 있는 물질적 힘과 정신적 힘, 사회 협조의 힘이 결합되어 사회적 운동에서 질적인 변화가 일어난다.

물질적 존재의 성질은 본질상 자기 존재를 보존하려는 성질인 만큼 그것은 자기를 보존하며 더 잘 보존(발전)하기 위한 운동능력으로 표현된다. 자기를 보존하기 위한 운동능력은 그것이 자기 존재를 주동적으로 능동적으로 더 잘 보존할 수 있을수록 보다 더 발전된 운동능력이라고 볼 수 있다.

운동에서 주동성이라는 것은 다른 대상과의 상호작용에서 자기 존재의 독자성을 보존하려는 특성을 의미하며, 능동성이라는 것은 다른 대상과의 상호작용에서 피동에 빠지지 않고 자기 존재를 보존하는 데 유리하게 상대편의 힘을 이용하는 주도적 능력을 말한다.

결국 존재의 양적 규정성의 발전 수준은 구성요소들의 운동능력이 얼마나 높아지고 그 결합구조가 그 사물의 보존과 발전을 보장하는 데 얼마나 유리하게 합리적으로 이루어졌는가에 따라 규정되며, 질적 규정성의 발전 수준은 그 사물의 보존과 발전을 보장할 수 있는 운동능력의 주동성과 능동성의 수준이 얼마나 높아졌는가에 따라 규정된다고 볼 수 있다.

우리는 자기 자신과 자기 집단의 생존과 발전에서 중요한 의의를 가지는 문제를 해결하기 위해 불요불굴의 의지를 갖고 최후의 승리를 이룩할 때까지 노력을 계속해야 한다. 작은 성과에 자만 도취하지 말고, 실패와 시련 앞에서 좌절하지 말고, 필승의 신념으로 계속 노력하면 큰 성과를 거둘 수 있다.

축적한 지식을 결합시키는 데도 깊은 관심을 기울여야 한다. 우리의 모든 지식은 실천에서 결합되고 실천을 통해서 그 현실성이 검증된다. 이론과 실천은 반드시 통일시켜 나가야 한다.

그러면 양과 질의 통일의 변증법(존재의 운동의 통일의 변증법)이 인간의 운명 개척에서 가지는 가장 본질적인 의의는 어디에 있는 것일까?

인간의 운명은 세계와의 관계에서 결정된다. 인간이 자기 운명을 개척하기 위해서는 세계를 자기 요구에 맞게 개조하는 창조 활동을 벌여야 한다. 그러기 위해서는 인간을 포함한 세계의 본질적 특징과 세계에서 차지하는 인간의 지위와 역할이 무엇인가를 알아야 한다.

그리고 창조적 실천에 과학적 인식이 선행되어야 한다.

세계의 존재와 운동의 본질적 특징을 밝혀주는 양질의 변증법은 세계를 올바로 인식하는 데서 가장 근본적인 지침이 된다. 양질의 변증법은 세계의 본질적 특징에 대한 인식에서 지침으로 되는 변증법이라고 말할 수 있다. 이런 점에서 양질의 변증법은 운동의 특징보다도 존재의 특징을 밝힌 존재론이라고 볼 수 있다. 바로 여기에 양질의 변증법이 변증법의 기초이며 출발점으로서의 지위를 차지하는 근거가 있다.

우리는 무엇보다도 먼저 양과 질의 통일의 변증법을 지침으로 하여 세계가 무엇인가에 대한 올바른 인식에 기초하여 세계의 주인, 자기 운명의 주인으로서의 확고한 신심을 갖는 것이 중요하다.

양질의 관계에서 가장 기본적인 것은 존재를 특징짓는 양적 규정성의 변화에 따라 속성을 특징짓는 질적 규정성이 달라진다는 것이다.

2. 대립물의 통일의 법칙

변증법의 제2의 법칙은 '대립물의 통일과 투쟁에 관한 법칙'이다. 변증법은 사물의 발전 법칙을 해명한다. 사물의 발전이 없는 곳에 인류나 인간 운명의 개척은 있을 수 없다. 따라서 발전에 관한 이론은 철학이 해명해야 할 중요한 이론적 지위를 차지하고 있다. 세계는 물질로 이루어져 있으며, 대립물의 통일체를 이루고 있다.

대립물의 통일이기 때문에 그 물질 사이에는 모순이 발생한다. 이 모순을 해결하기 위해 투쟁이 행해지고, 사물은 더 높은 단계로 발전한다. 예를 들면 자본주의 사회는 자본가와 노동자라고 하는 대립물이 통일되어 생산이 이루어진다. 자본가와 노동자 사이에는 이해관계가 다른 모순이 존재한다.

이 모순을 해결하기 위해 투쟁이 발생하고, 그 결과 자본주의 사회는 더 높은 단계의 통일, 즉 사회주의 사회로 발전한다고 마르크스주의자들은 선전해 왔다. 여기서 통일은 상대적인 것이며, 투쟁은 절대적이라고 보았다. 마르크스주의에 의한 이러한 변증법의 해명은 보편적인 진리를 포함하고 있다. 그러나 과연 이 해명은 전적으로 올바른 것이라고 말할 수 있을까? 여기에는 재검토를 해야만 하는 중요한 문제점이 있다.

'대립물의 통일과 투쟁의 법칙'은 통일은 상대적이며, 투쟁은 절대적이라고 주장한다. 대립물의 통일이므로 그 사이에는 모순이 있으며, 그 모순을 해결하기 위한 투쟁이 없으면 사물의 발전은 있을 수 없다고 한 것이다. 우선 대립물의 통일이 상대적이라면, 투쟁도 상대적이지 않으면 이론적으로 보아 올바른 설명이라고는 말할 수 없다. 한편 모순이 있기 때문에 투쟁이 있다고 하는 사고방식은 모순이 발전의 원인이며, 투쟁을 모순을 해결하는 힘으로 보고 있다.

여기에서 모순을 강화시키지 않으면 안 된다고 하는 '모순론'이 발생함과 동시에, 투쟁을 강화시키지 않으면 안 된다고 하는 투쟁지상주의가 탄생했다. 정상적인 감각에서라면, 모순은 될 수 있는 한 적은 편이 평온한 상태에서 평화로운 생활이 가능하므로 일부러 모순을 격화시킬 필요가 있을까 하는 의문이 생긴다.

모순은 사물 발전의 객관적 조건이지 요인이 아니다. 얼마간의 모순이 있더라도 그것을 해결하는 요구를 가진 주체(사물)가 없으면 해결될 수가 없다. 투쟁이 모순을 해결하는 힘, 방법이라고 보는 것도 전적으로 옳다고는 말할 수 없다.

투쟁은 발전의 힘이 될 수도 있지만, 발전을 저해할 수도 있다. 투쟁 지상주의자는 노사 간의 이해관계의 충돌이 계급투쟁에 의하는 것 외에는 해결되지 않으며, 프롤레타리아 독재의 강화 없이는 사회주의의 발전과 공산주의 사회의 실현은 있을 수 없다고 주장했다.

과연 사물의 발전에서 투쟁만이 발전의 힘이 될 수 있을까? 투쟁은 힘이 아니며, 하나의 형태에 지나지 않는다.

모든 사물은 대립물의 통일이지만, 거기에는 반드시 모순이 존재한다. 이 모순의 해결을 위한 투쟁이 수행되고, 사물은 발전한다. 이것은 하나의 진리이다. 그러나 모순을 격화시킬 필연성도 없고, 투쟁이 발전의 원동력이 된다고는 할 수 없다. 오히려 모순을 격화시켜 사회를 혼란과 불안에 빠트리고, 과격한 투쟁 때문에 사회 발전을 후퇴시키고, 수많은 희생자를 낸 역사적 사실은 수도 없이 많이 존재한다.

대립물의 통일과 투쟁의 법칙 자체는 사물의 발전에 관한 올바른 이론이지만, 이것이 권력 획득을 위해, 혹은 독재자의 잘못된 정책을 미화하고 근로자들의 자주성과 창조성을 말살시키기 위해 이용되었다는 것도 사실이다.

인간이 생존과 발전을 계속하기 위해서는 자기 운명을 개척하기 위한 창조적 활동을 전개해야 한다. 자연개조, 인간개조, 사회관계 개조를 위한 3대 창조적 활동이 그것이다. 자주적으로 창조적으로 자기 운명을 개척해 나가는 사회적 존재인 인간이 출현함으로써 세계는 사회적 존재와 자연적 존재로 상대적으로 갈라져 대립물의 통일을 이루게 된 만큼 인간과 자연의 대립을 통일시켜 나가는 것은 인간의 운명 개척과 우주 발전의 최대의 과업이라고 할 수 있다. 인간의 운명과 우주 발전의 운명은 전적으로 인간이 자연을 자기의 요구에 맞게 개조해 나가는 창조적 활동의 성과 여하에 달려있다.

그러므로 자연을 개조하기 위한 인간의 창조적 활동은 인간의 운명 개척과 우주 발전에서 가장 중대한 의의를 갖는다.

이 점에서 대립물의 통일의 변증법은 무엇보다도 인간과 자연의 대립을 통일시켜 나가는 데 주된 사명이 있다고 볼 수 있다. 인간과 자연의 대립을 통일시켜 나가기 위해서는 인간 자신을 보다 더 힘 있는 존재로 개조하는 창조적 활동이 필요하다.

인간은 개인적 존재임과 동시에 사회적으로 결합된 집단적 존재인 만큼 인간을 개조하는 사업은 개인적 존재로서의 인간의 생명력을 강화하기 위한 창조적 활동과 개인들을 집단적 존재로 결합시키는 사회적 결합관계를 개조하는 창조적 활동의 두 측면을 포함하게 된다.

자연개조사업, 인간개조사업, 사회관계개조사업은 인간이 자기의 운명을 개척하고 우주의 발전을 보장하기 위하여 반드시 진행해야 할 3대 창조적 사업이라고 볼 수 있다.

인간은 자연의 진화 과정에서 탄생하였으며 자연의 품속에서 자연의 혜택으로 성장해 왔다. 인간은 자주적 존재로서 자기 운명의 주인의 지위를 차지하게 된 다음에도 자연을 떠나서는 살 수도 없고 발전할 수도 없다. 자연은 여전히 인간의 생존과 발전의 중요한 원천이다.

인간은 자기의 요구에 맞게 자연을 개조하여 자연의 물질적 힘을 인간 자신의 힘으로 전환시킴으로써 그것을 밑천으로 인간개조사업과 사회관계개조사업을 진행하여 인간의 끝없는 생존과 발전을 실현해 나갈 수 있다.

마르크스주의자들도 인간이 우선 먹고, 입고, 자고, 살기 위해서는 자연을 개조하여 생활 수단을 마련하지 않으면 안 되기 때문에 자연을 개조하는 생산활동이 인간 생활의 가장 중요한 요인이라는 것을 강조하고 있다. 인간과 자연과의 관계를 인간의 생존을 위한 실용주의적 관계로만 보는 것은 자연에 대한 올바른 입장이 아니다.

우리는 자연을 인간의 뿌리로 보고, 영원한 운명의 동반자로 보아야 하며, 인간은 자기 운명에 대해서 뿐 아니라 자연을 발전시키는 것에 대해서도 책임 있는 입장에 서야 한다.

우리는 마땅히 대립물의 통일의 본질을 자연을 개조하는 인간의 창조적 활동의 변증법으로 이해해야 하며, 자연을 개조하는 창조적

활동을 중심으로 하여 인간의 창조적 활동 전반의 본질을 이해해야
한다.

인간은 자연을 자기의 요구에 맞게 개조하는 창조적 활동을 하지
않고서는 살 수도 없고 발전할 수도 없다는 것은 인간과 자연을 대
립을 통일시켜 나가는 창조적 활동이 곧 인간의 생명 활동이며, 창
조적 활동을 떠난 인간의 생존이란 있을 수 없다는 것을 말해준다.

사회적 존재도 자연적 존재가 진화 발전하는 과정에서 발생한 만
큼 그 뿌리는 자연적 존재에 있다고 볼 수 있다. 그러나 사회적 존
재는 자연적 존재와 운명을 같이 하는 것이 아니라 자기 자체의 운
동 법칙에 따라 자기의 존재를 보존하며 발전해 나가는 자주적 존재
이다. 이런 점에서 사회적 존재는 자연적 존재와의 관계에서 상대적
독자성을 가진 존재라고 볼 수 있다.

뿐만 아니라 사회적 존재는 자연적 존재와의 상호 관계에서 주도
권을 장악하고 자연적 존재를 개조하여 사회적 존재의 구성 부분으
로 전환시키고 있다. 이것은 우주의 미래가 자연적 존재에 있는 것
이 아니라 사회적 존재의 창조적 역할에 달려있다는 것을 말해준다.

철학은 자연과학과 사회과학 발전을 중시하고 그 성과에 의거해
야 하지만 그것만으로는 철학의 고유한 사명을 완수할 수 없다. 철
학의 기본 사명은 인간과 세계의 상호 관계를 규명하고 인간의 운명
개척의 기본 방향을 천명하는 데 있다. 이러한 철학의 사명은 자연

과학이나 사회과학이 대신할 수는 없다.

마르크스주의자들은 앞으로 자연과학이 더욱 발전하여 우주의 일반적 특징까지 밝히게 되면 철학 자체가 필요 없게 될 것이라고 주장하였지만, 이것은 그들이 철학의 사명이 세계 만물의 공통성을 밝히는 데 있는 것처럼 잘못 생각한 사정과 관련되어 있다.

철학이나 개별 과학은 다 같이 인간의 운명 개척의 길을 밝혀주는 것을 목적으로 삼고 있다는 점에 공통성이 있다. 그러나 개별 과학이 특정 분야와 관련하여 인간의 운명 개척에 도움을 주는 진리를 가르쳐 준다면, 철학은 우주 전체와의 관계에서 인간의 운명 개척의 근본 방도를 밝혀준다.

인간의 운명 개척의 길을 밝히기 위해서는 세계의 본질적 특징이 무엇이며, 인간의 본질적 특징이 무엇인가를 알아야 한다. 그래야 인간과 세계와의 관계나 세계에서 차지하는 인간의 지위와 역할을 밝힐 수 있다. 이것은 인간의 운명 개척의 길을 밝혀주는 인간중심의 철학 원리가 세계의 일반적 특징과 인간의 본질적 특징을 밝혀주는 원리에 대한 인식을 전제로 하지 않으면 안 된다는 것을 의미한다.

끝없는 물질세계가 인간과 같은 자주적이며 창조적인 발전된 존재를 창조하였으며, 세계의 혜택으로 출현한 인간이 자기의 창조 활동으로 세계 발전을 이끌어 나감으로써 세계 발전에 이바지하고 있

다는 사실을 떠나서는 오늘날 발전해가고 있는 세계의 본질을 이해
할 수 없다.

헤겔은 절대정신이 외화(外化)된 것이 자연이라고 하지만, 말로써
가 아니라 현실적으로 절대정신이 자연을 창조하는 것을 하나라도
보여줄 수 없었다. 실천적으로, 객관적으로 보여주지 못하는 이론이
어떻게 진리라고 주장할 수 있단 말인가?

인간의 위대성은 말이 아니라 실천적으로 세계를 개조하여 인간
과 운명을 같이하는 사회적 존재로 만들어 나가는 데서 나타난다.
인간이 어느 정도 우주를 대표할 수 있는 존재로 발전하였는가 하는
것은 인간이 얼마나 넓은 범위의 세계에서 주인의 지위를 차지하고,
얼마나 대규모적인 창조적 활동을 하는가를 통해 객관적으로 나타
난다.

변증법은 가장 높은 수준의 발전 능력을 가진 인간이 자기 운명을
개척해 나가는 창조적인 생존 운동에서 그 본질적 특징을 가장 뚜렷
이 찾아볼 수 있다.

지금까지 대립물의 통일의 법칙을 '모순의 법칙'이라고도 불렀다.
대립물의 통일의 가장 단순한 형태는 동일성과 차이성의 통일이다.

세상에는 똑같은 것이나 완전히 다른 것은 존재하지 않는다. 모든
사물은 동일한 통일성의 면과 서로 구별되는 차이성의 면을 가지고

있다. 절대적으로 같은 사물, 절대적으로 차이성만 가진 사물은 존재하지 않는다. 이것은 모든 사물은 같은 면을 가지고 있는 동시에 다른 면을 가지고 있다는 것을 의미한다. 이것은 모든 사물이 같으면서도 다르다고 표현한다면 논리적 모순이라고 할 수 있겠지만, 모든 사물이 동일성과 차이성의 양면을 가지고 있다고 말하면 논리적 모순이라고 말할 수는 없을 것이다.

모든 사물은 자기의 특성을 보존하려는 속성을 가지고 있으며 이에 따라 자기 존재의 특성을 보존하기 위한 운동을 한다. 따라서 아무리 단순한 존재라도 자기의 차이성과 동일성을 보존하기 위한 두 가지 상반되는 운동만은 하지 않을 수 없다.

모든 사물이 다른 사물과 차이성과 동일성을 가지고 있다는 것은 모든 사물 자체가 차이성과 동일성을 다 갖는 존재, 즉 대립된 것의 통일체라는 것을 말해준다. 이것은 단순한 존재도 대립물의 통일이고 단순한 존재들이 결합된 복잡한 존재도 다 대립물의 통일이라는 것을 의미한다. 이에 대해서는 정상적으로 이해할 수 없는 그 어떤 신비로운 이론도 찾아볼 수 없다.

대립물의 통일은 대립을 내포하는 통일이기 때문에 절대적인 통일이 아니라 상대적인 통일이다. 또 대립은 통일을 허용하는 테두리 안에서의 대립이기 때문에 절대적인 대립이 아니라 상대적인 대립이다.

만일 통일이 절대적이라면 분열할 수 없고, 더 큰 통일체로 결합될 가능성도 없기 때문에 사물의 변화 발전에 대하여 생각할 수 없으며, 만일 대립이 절대적이라면 사물이 서로 결합될 수 없기 때문에 역시 사물의 변화 발전에 대하여 생각할 수 없다.

자기보존과 발전을 위한 운동의 자유를 가지지 못하는 고정 불변한 상태의 세계는 문자 그대로 죽은 세계이다. 인간도 자기보존 운동능력을 상실하게 되면 사망하게 되고, 세계도 자기보존 능력을 잃게 되면 다 해체되어 사멸할 수밖에 없다. 이것은 세계의 변화 발전의 근본 원인은 자기보존을 요구하는 물질적 존재 자체의 근본 특성이며 대립물의 통일은 이 근본 특징을 실현하기 위한 필수 불가결의 조건이라는 것을 말해준다.

헤겔과 마르크스는 대립물의 통일 자체가 운동의 원인이고 발전의 원인인 것처럼 주장하면서 모든 사물이 자체의 내부 모순에 의하여 운동·변화·발전하는 것처럼 대립물의 통일을 왜곡하고 신비화하며, 논리적 모순을 인정하지 않는 것은 마치 사물의 변화 발전의 원인을 부인하는 것이라고 주장하였다.

대립물이 통일되어 있다는 조건을 떠나서는 변화 발전이 있을 수 없다고 하여 그것이 마치 변화 발전의 원인인 것처럼 보면서 대립물의 통일의 변증법이 사물의 변화 발전의 원인과 동력을 밝혀주는 법칙적인 것처럼 주장하는 것은 잘못이다.

대립물이 통일되어 있다는 사실 자체가 운동과 발전의 원인인 것처럼 생각하는 것은 인간 자신의 불요불굴의 노력을 떠나 인간의 발전이 저절로 이루어질 수 있는 것처럼 생각하는 것이나 다름없다.

사회 발전의 근본 원인이 생산력과 생산관계의 모순에 있다는 주장도 다 대립물의 통일 자체에 발전의 원인이 있다는 그릇된 사상과 결부되어 있다.

사물의 변화 발전의 원인과 동력을 밝혀주는 것은 양질의 통일의 법칙(존재와 운동의 통일의 법칙)이다.

모든 물질은 자기 존재를 보존하고 더 잘 보존하려는 특성을 가지고 있으며 이 근본 속성을 실현하기 위하여 운동하게 된다. 그 운동 능력의 발전 수준은 존재의 발전 수준, 즉 존재의 구성요소와 결합 구조의 발전 수준에 상응하는 법이다.

대립물의 통일의 변증법은 대립과 통일이 상대적이며 이와 같은 대립과 통일의 상대적인 특성이 사물 발전의 가능성을 담보하는 필수적 조건으로 된다는 것, 모든 사물이 변화 발전할 가능성이 있다는 것을 밝혀주는 데서 보편적인 진리로서의 가치를 갖는다.

모든 사물이 동일성과 차이성의 통일을 이루고 있다는 말은 서로 같다는 말이 아니라 같은 사물이 동일성 면과 차이성 면, 양면을 동시에 가지고 있다는 뜻이다.

대립물의 통일은 사물의 변화 발전의 필수적 조건이 될 뿐 아니라 변화 발전의 기본 형태라는 것에 대하여 주목할 필요가 있다.

사물의 대립적 측면을 강화 발전시키지 않고서는 사물의 통일성을 강화 발전시킬 수 없으며, 사물의 통일성을 발전시키지 않고서는 사물의 대립성을 강화 발전시킬 수 없다. 사물의 발전 수준은 결국 사물의 대립과 통일을 다 같이 발전시키는 수준이라 볼 수 있다.

대립의 다양성만을 강조하고 결합을 소홀히 하는 것도 잘못이며, 통일의 중요성만 강조하고 대립의 다양성의 창조를 부정하는 것도 다 같이 사물 발전을 저해하는 그릇된 태도이다. 이것은 개인의 자주성을 보장하면서 집단의 통일과 협력을 강화하도록 양측에 다 같이 관심을 돌리면서 사회관리사업을 진행하는 것이 사회의 안정과 발전을 담보하는 비결이라는 것을 말해준다.

마르크스주의자들이 대립은 절대적이며 통일은 상대적이라고 하면서 계급적 대립과 계급투쟁을 절대화하고 투쟁을 발전의 동력으로 규정한 것은 변증법을 왜곡한 전형이라고 볼 수 있다.

발전의 근본 원인은 자기를 보존하고 더 잘 보존하려는 (발전하려는) 주체의 의욕이며, 이러한 발전 의욕을 끝까지 관철할 수 있는 강한 의지와 이해타산을 옳게 하여 힘을 창조적으로 쓸 수 있게 하는 정신적 생명력과 결부된 물질적 힘이 발전을 담보하는 동력이다.

대립물의 통일의 변증법이 가지는 중요한 실천적 의의는 크게 세 가지라고 볼 수 있다.

첫째, 세상에는 절대적인 것이란 없기 때문에 어떤 경우에도 자만 도취하지 말아야 하며, 끝없는 발전의 길을 걸어가기 위한 노력을 계속해야 한다는 것이다. 세상에는 절대적인 것이 없기 때문에 절대적인 것을 믿어서는 안 되지만, 절대적인 것이 없다고 하여 절대적인 것을 만들기 위한 노력을 포기하고 우연적인 것에 기대를 걸거나 세상을 허무주의적으로 대하는 것은 용기 없는 비겁한 태도이다.

절대적인 것이 없다는 것은 절대적으로 불가능한 것도 있을 수 없다는 것을 의미한다. 인간은 끝없는 발전을 통하여 절대로 불가능하다고 생각되는 문제도 해결할 수 있다. 인간은 자기의 창조적 노력을 통하여 불가능한 것으로 전환시킬 수 있는 창조적 자유를 갖고 있다.

대립물의 통일의 변증법의 진수는 바로 인간의 창조적 노력이 인간의 끝없는 발전과 위대성을 보장하는 기본 요인이라는 진리를 밝혀주는 데 있다. 이런 점에서 대립물의 통일의 변증법은 발전과 승리의 기본 방법에 관한 변증법이라고 말할 수 있다.

둘째, 대립과 통일을 다 같이 발전시켜 나가야 한다는 것이다. 대립을 발전시켜 나가기 위해서는 정의의 원칙을 구현하는 것이 필요하며, 통일을 발전시키기 위해서는 사랑의 원칙(협조의 원칙)을 구현하는 것이 필요하다. 정의의 원칙을 구현해야 개인들의 각이한 특성을 살리기 위한 경쟁을 강화하여 다양한 자주성과 창조성을 발양시킬 수 있으며, 사랑의 원칙을 구현해야 사회의 통일과 협조 협력을 강화할 수 있다.

사회 발전에서는 정의의 원칙 관철에 선차성(先次性)을 부여하면서 동시에 사랑의 원칙을 배합시켜 나가야 한다는 것을 의미한다.

원래 인간은 개인적 존재인 동시에 집단적 존재이기 때문에 개인적 존재로서의 삶과 욕망이 충족되면 집단적 존재로서의 삶의 욕망과 충족을 요구하게 된다. 인간의 창조적 역할을 평가하는 기준은 인간의 삶의 욕망이다. 인간의 삶의 욕망은 개인적 존재를 보존하려는 욕망과 집단적 존재를 보존하려는 욕망을 다 같이 포함하고 있다.

정의의 원칙을 관철하여 인간의 창조적 역할이 높아지고 그 결과 개인적 존재로서의 삶의 욕망의 실현 수준이 높아지면 사랑의 원리에 기초한 집단적 존재로서의 삶의 욕망의 충족 수준을 높이고자 하는 요구가 제기된다. 그러므로 사회생활을 개인의 이익과 집단의 이익을 다 같이 충족시키는 방향에서 발전시키기 위해서는 개인적 존재로서의 삶의 요구와 집단적 존재로서의 삶의 요구를 옳게 결합시켜 사회 공동의 요구와 이익의 수준을 높여 나가야 한다.

이와 같이 인간중심의 변증법은 발전을 위한 투쟁 일반을 부정하는 것이 아니다. 그러나 사물의 발전에서 협조와 단결에 의한 사랑의 통일의 힘이 어떠한 투쟁의 힘보다도 강력하다는 것을 새롭게 발견한 것이다.

다른 나라와의 모든 형태의 경쟁에서 승리하기 위해서는 자국 내의 모든 분야에서 투쟁을 되풀이하기보다는 협조와 단결에 의한 사랑의 통일의 힘을 보다 일층 강화하고 모든 난관을 극복해야 한다. 사물의 발전에서 협조와 단결에 의한 사랑의 통일의 힘만큼 강력한 힘은 어디에도 존재하지 않는다. 따라서 대립물의 통일과 투쟁의 법칙을 재검토하여 협조와 단결에 의한 사랑의 통일의 법칙으로 발전시켜야 한다.

3. 연속성과 불연속성의 통일의 법칙

종래의 변증법의 최후의 법칙은 '부정의 부정의 법칙'이다. 사물이 발전하기 위해서는 낡은 것을 부정하고 새로운 것을 창조하지 않으면 안 된다. 이것은 보편적인 진리를 포함하고 있다. 낡은 것을 고집해서는 발전은 있을 수 없다.

그러나 이 이론도 과학성을 과대하게 과장해서 실천에 적용한 결과 수많은 비극을 되풀이했다. 과격한 마르크스주의자는 봉건 군주에 좋은 군주 따위는 있을 수 없다. 모두 단죄해야 할 나쁜 군주라고 규정하고 역사를 부정했다.

인류의 역사, 사물의 발전은 인류가 쌓아 올린 유산에 기초하여 이루어진 것이며, 공백 속에서 발전하는 것이 아니다. 그리하여 '로마는 하루아침에 이루어지지 않았다'라고 하는 격언도 남아 있다. 옛것이라 해서 모든 것을 파괴하고 부정한다면, 역사는 정체한다.

긍정적인 것은 귀중히 계승하고, 새로운 것을 창조하는 입장을 견지해야 한다. 따라서 종래의 변증법도 '부정의 부정의 법칙'은 계승과 혁신의 법칙으로 발전시켜야 한다.

인간의 운명을 개척하기 위해서는 인간과 자연 간의 대립물의 통일을 강화하기 위해 자연을 개조하며 인간과 사회관계를 개조하는 적극적인 창조적 활동을 진행하는 것이 중요할 뿐 아니라 낡은 것과 새것을 교체하는 문제를 옳게 해결하는 것 또한 중요하다. 사물의 발전과정은 새것을 창조하는 과정인 동시에 낡은 것을 새것으로 교체하는 과정이기 때문이다.

인간과 자연의 대립과 통일을 강화하는 사업은 현시점에서 인간의 생존과 발전에 필요한 것을 새로 창조하는 사업이다.

인간의 운명 개척 과정은 유구한 과거로부터 현재에 이르기까지, 또 현재로부터 끝없는 미래로 계속되는 연속적인 과정이다. 이것은 낡은 것에 의거하여 새것을 창조하는 과정인 동시에 끊임없이 창조되는 새것에 의거하여 낡은 것을 버리는 과정이다. 낡은 것과 새것의 교체를 옳게 진행하는 것은 인간의 운명 개척에서 중요한 의의를 갖는다.

마르크스주의 창시자들은 사물 발전의 역사적인 연속과정의 특징이 낡은 것을 부정하고 그것을 다시 부정하여 새것을 긍정함으로써 낡은 것으로부터 새것으로의 발전이 가능하다는 데 있다고 보면서 이 법칙을 '부정의 부정의 법칙'이라고 하였다. 여기서도 마르크스주의자들은 변증법을 세계 존재의 기본 특징과 결부시키지 못하고 변화 발전의 현상 형태에 근거하고 있다는 것을 알 수 있다.

모든 사물의 존재와 운동은 연속적인 동시에 불연속적이다. 모든 사물과 운동은 공간과 시간 속에서만 있을 수 있다. 그래서 공간과 시간은 운동하는 모든 존재의 기본 형식이라고 할 수 있다. 공간과 시간 자체가 연속성과 불연속성의 통일로 이루어져 있다.

세상 만물은 다 작은 단위로 쪼갤 수 있으며 그 작은 단위 하나하나가 독자성을 가진 존재로서 서로 분리되어 존재하지만, 동시에 공통성으로 하여 공간적으로나 시간적으로 서로 연결되어 있다.

연속성과 불연속성의 통일의 문제는 미시세계(원자나 소립자들이 운동하는 세계)와 거시세계(천문학적으로 운동하는 우주 세계)를 인식하는 데서도 중요한 문제로 제기되고 있지만, 우리에게 중요한 것은 인간의 운명 개척과 관련된 문제이다.

인간의 운명 개척 과정도 연속적인 것과 불연속적인 것의 통일로 되어 있다. 부모가 없이는 자식이 태어날 수 없고 조부모가 없이는 부모가 태어날 수 없다. 전세대가 없이는 현세대가 있을 수 없다. 이 점에서 인간의 생명 자체가 대를 이어 연속되어 있다고 볼 수 있다.

그러나 부모와 자식이 같지 않고 조부모와 부모가 같지 않다. 그뿐만 아니라 각 개인은 다른 특성을 갖고 있다. 생명이 세대별, 개인별로 따로따로 분리되어 있다는 점에서 인간의 생명이 불연속적인 것이라고 볼 수 있다. 연속성만 있고 불연속성이 없다면 연속적 과정만 있게 되어 새것의 발생과 발전이 불가능하며, 반대로 불연속성만 있다면 운동이 개체적인 것으로 끝나기 때문에 낡은 것도 새것도 없고 발전 자체가 있을 수 없다.

인간의 운명 개척을 실질적으로 보장하기 위해서는 전세대가 창조한 업적을 옳게 계승하는 문제와 신세대가 전세대와는 구별되는 새로운 업적을 창조하는 문제를 옳게 배합하는 것이 중요하다. 전세대의 업적을 계승하지 않고서는 현세대가 살 수도 없고 발전할 수도 없는 만큼 전세대의 업적을 계승하는 것이 중요하다는 것은 더 말할 필요가 없다.

그러나 전세대가 물려준 것을 신세대가 계승만 하고 그것을 더욱 발전시키는 창조적 활동을 소홀히 한다면 인류는 발전할 수 없을 것이다. 따라서 계승성과 혁신성을 옳게 배합하는 것이 인간의 운명 개척에서 의거해야 할 중요한 원칙으로 대두된다.

역사적으로 계승된 전통과 문화에 대한 보수성이 지나치게 강하면 낡은 것을 새것으로 바꾸려는 신세대의 진보적이며 창조적인 활동을 저해하게 되고, 역사 발전에 부정적인 영향을 줄 수 있다. 이와는 달리 생존과 발전의 귀중한 밑천으로 이어온 전통과 문화의 귀중성을 무시하고 보다 더 발전된 새것을 요구하는 주관적 욕망에 사로잡혀 혁신성을 강하게 앞세우려 할 때에는 전세대가 물려준 업적을 탕진할 뿐 새것을 창조하는 노력이 소홀하게 되어 발전은 고사하고 역사의 퇴보를 초래할 위험성이 있다.

신세대는 구세대보다 더 큰 업적을 창조하여 다음 세대에 넘겨주어야 할 역사적 의무를 지고 있다. 그러므로 인간의 운명을 개척하기 위하여 간고분투하고 혁신적으로 노력하는 것은 구세대나 신세대에 다 같이 필요하다고 볼 수 있다.

구세대는 신세대가 전세대의 위업을 옳게 계승하고 발전시켜 나가도록 교육을 잘하는 것이 중요하다. 신세대를 믿음직한 계승자로 키우기 위한 교육은 소홀히 하고 신세대가 구세대를 무시하고 그릇된 길로 나아간다고 불평하는 것은 옳지 않다. 지금은 세대교체라는 말이 유행어가 되었다. 마치 세대교체를 빨리하는 것이 사회 발전에 무슨 출구가 있는 듯이 주장하고 있다.

새로운 것을 요구하는 것은 발전하려는 인간의 본성적 요구이며, 이러한 요구는 신세대에서 더욱 강하게 분출되고 있다.

신세대는 전세대가 간고분투하여 창조한 생활 조건을 물려받은 유리한 조건을 이용하여 마땅히 더 높은 삶의 목표를 세우고 삶을 더욱 보람있게 영위하며, 전세대보다 더 큰 유산을 다음 세대에 물려주어야 한다. 인간은 자신의 생명이 고립된 개인의 생명이 아니라 유구한 과거로부터 영원한 미래로 대를 이어 생존과 발전을 실현해 나가는 인류 생명의 일익을 담당하고 있다는 자각을 해야 한다.

전세대가 창조한 과거 역사를 무시하고 부정해서도 안 되지만 과거 역사를 무조건 긍정하고 숭배해서도 안 된다. 신세대들은 과거의 세대들보다 더 우월한 능력을 지니고, 더욱 큰 공적을 쌓아 인류 역사 발전에 기여하고자 하는 적극적인 책임감을 가져야 한다. 결코 복고주의와 과거 숭배주의에 매몰되어서는 안 된다. 복고주의와 과거 숭배는 본말을 전도하고 역사의 계승성을 거꾸로 이해하는 그릇된 태도이다.

역사의 계승성과 혁신성을 옳게 결합시켜 나가기 위해서는 젊은 세대들에게 역사교육을 강화하는 것이 중요하다. 역사는 진실하게 서술되어야 한다. 역사교육을 통해 사람들이 자기 자신의 역사적 지위와 사명을 옳게 자각하고 계승성과 혁신성을 옳게 배합해 나가도록 하는 것이 중요하다. 역사 발전에서 계승성과 혁신성을 통일시켜 나가기 위해서는 긍정과 부정을 통일시키는 데 있어서 변증법의 원칙을 지키는 것이 중요하다.

현존 상태보다 더욱 발전된 존재로 되려면 반드시 현존 상태를 부정하지 않으면 안 된다. 현존 상태에 만족하여 그것을 계속 유지해서는 발전을 실현할 수 없다. 현존 상태를 부정하는 것은 상대적으로 통일되고 안정된 상태를 파괴하는 불완전한 통일 상태를 만든다는 것을 의미한다. 즉 현존 상태의 통일을 보장하는 형식을 부수고 더욱 발전된 존재로 변화될 수 있는 새로운 통일의 형식을 만든다는 것을 의미한다.

이 과정을 요약하면 처음의 비교적 안정된 통일 상태를 부정하여 불안정한 통일 상태가 형성되고, 일정한 변화 과정을 거친 다음 다시 불안정한 통일 상태가 부정되고 안정된 통일 상태로 되돌아간다는 것이다.

이렇게 긍정 상태가 부정되고, 부정된 상태가 다시 부정되어 긍정 상태로 되돌아오기 때문에 이런 과정을 '부정의 부정'의 과정이라고 보면서 연속성과 불연속성의 변증법을 '부정의 부정의 변증법'이라고 부르게 되었다.

마르크스주의 창시자들은 보리 씨앗이 부정되어 보리 줄기로 변하고, 보리 줄기가 성장하여 그것이 다시 부정되고 수십 배로 증가된 보리 씨앗으로 되돌아오게 된다는 소박한 예를 들고 있다.

우리는 이러한 소박한 예에서 어쨌든 사물이 발전하기 위해서는 현존 상태가 부정되어 변화하는 과도적 중간단계를 거쳐 그것이 다시 부정되어 보다 발전된 상태로 되돌아오는 과정을 거치게 된다는 것을 찾아볼 수 있다. 이것은 발전 과정에서 연속성은 불연속성을 거쳐야만 보장될 수 있다는 것을 말해준다.

인간중심의 철학은 연속성과 불연속성의 통일의 변증법을 역사 발전의 주체인 인간 자신을 보다 더 발전된 존재로 자기 갱신하기 위하여 지켜야 할 원칙으로서 인정하고 중요시하고 있다.

낡은 것과 새로운 것을 바꾸는 것, 자기를 갱신하는 것이 새것을 창조하는 것과 똑같은 것은 아니다. 낡은 상태의 자기를 새로운 상태의 자기로 바꾸는 것은 인간 발전의 독특한 특징이라고 볼 수 있다.

이것은 육체의 힘을 강화하고 정신적 힘을 강화하기 위한 창조적 활동과는 구별되는 특징을 가지고 있다. 인간에게 있어서는 자기 갱신이 매우 중요하다.

인간은 그 무엇보다도 자기 자신을 사랑한다. 그러므로 자기 자신을 사랑할수록 자신을 비판하는 것이 무엇보다 필요하다.

인류 발전에 큰 업적을 남긴 위인들은 자기를 비판하는 데 엄격했으며 자기 결함을 지적해 주는 충실한 사람들을 사랑하고, 아첨하는 자들을 멀리하였다. 이러한 위인들은 적으로부터도 배우며 자기 결함을 고쳤으며, 그렇게 함으로써 오히려 적을 타도할 수 있었다는 것을 보여주고 있다.

사람이 성공에 자만 도취하여 교만하게 되어 자기비판을 하지 않게 되면 더 발전할 수 없을 뿐 아니라 큰 과오를 범할 수 있다. 이는 개인이나 민족이나 인류에 다 같이 해당되는 진리라고 볼 수 있다.

일반적으로 영웅이라고 불리는 탁월한 능력을 가진 사람들은 처음에 어려운 환경에서 일을 시작할 때에는 자기 결함을 지적하는 군중의 목소리에 겸허하게 귀를 기울였으며 자기를 갱신하기 위한 수양을 끊임없이 강화하면서 간고분투하였다.

사회적 집단이 건전하게 발전하기 위해서는 집단 내에서 비판이 활발히 진행되어야 한다. 사회적 집단 내부에서 상호 비판과 자기비판을 강화하는 것은 사회 발전의 추동력이 된다. 집단 내부의 비판과 자기비판이 억제된 독재사회가 발전할 수 없는 이유가 여기에 있다. 사회적 집단 내에서 비판과 자기비판의 분위기를 강화하기 위해서는 언론의 자유가 보장되어야 하며 언론기관들이 건전한 비판의 분위기를 이끌어 가는 데 주도적인 역할을 수행해야 한다.

개인이건 집단이건 자기비판은 자기를 말살하기 위한 부정인 것이 아니라 자기 결함을 시정하고 보다 더 발전된 존재로 갱신하기 위해 필요한 것이다.

헤겔은 변증법을 사유의 발전 형태로 인식하고, 마르크스는 변증법을 가장 보편적인 운동 발전의 형태로 인식하였다. 그들은 인간이 자기 운명을 개척하기 위하여 진행하는 창조적 활동이야말로 가장 높은 형태의 발전 운동이며 가장 높은 형태의 변증법이라는 데에 상응한 관심을 기울이지 못했다. 변증법은 발전의 이론이며 발전의 법칙이다.

인간의 창조적 활동의 기본 특징을 일반화한 발전의 법칙이 가장 고급한 변증법이며, 인간이 직접 자기 운명 개척에 적용할 수 있는 유용한 변증법이다.

인간중심의 철학에서 변증법은 결국 인간의 운명 개척을 위한 창조적 활동의 방법론, 전략, 전술적 기본 원리라는 것에 그 가치가 있다고 본다.

결론적으로 말하자면, 종래의 유물변증법의 3대 발전 법칙은 이제는 더욱 과학적이고 긍정적인 내용을 포섭하고 보다 발전된 변증법으로 발전시켜야 한다. 즉 질량의 법칙을 양과 질의 상호 의존관계의 법칙으로, 대립물의 통일과 투쟁의 법칙을 협조와 단결, 사랑의 통일의 법칙으로, 부정의 부정의 법칙을 계승과 혁신의 법칙으로 각기 발전시켜야 한다. 이것이 인간중심 철학이 새롭게 정립한 변증법이다.

우리는 이러한 견지에서 헤겔과 마르크스가 발전시켜 온 변증법을 인간의 운명 개척을 위한 창조적 활동에 이바지할 수 있도록 수정 보완하는 한편 몇 가지 중요한 원리를 더 추가할 필요성이 있다고 인정한다. 그것은 다름 아닌 목적과 수단의 통일의 변증법과 주체와 객체의 통일의 변증법이다.

4. 목적과 수단의 통일의 법칙

좋은 목적(ends)이 나쁜 수단(means)에 의해 달성되는지의 여부, 혹은 좋은 수단이 결과적으로 언제나 좋은 결과로 끝나는지의 여부에 관한 문제는 그리스 시대에서 현재까지 정치극이나 그 밖의 연극 속에서 계속해서 다루어져 왔다.

목적은 이를 달성하기 위한 수단이 필요하고, 이 수단이 객관적 세계의 법칙을 거역한다면 목적이 실현되는 것은 불가능하다.

목적이 세워져도 그 수단이 보이지 않는다면 그 목적은 폐기되지 않으면 안 된다. 이런 의미에서 목적은 인간의 행동을 이끌어 내고 정돈시키는 것이다. 목적에는 미래를 내다보는 것이나 일반적인 것도 있고, 직접적이고 신변적인 것, 특수한 것도 있고 커다란 목적을 위하여 당장 달성되어야만 하는 것도 있다. 사회를 발전시키는 것은 여러 가지 목적들을 올바르게 설정하는 것이 필요하다는 것을 인식하지 않으면 안 된다.

인간의 모든 창조적 활동은 다 일정한 목적을 실현하기 위한 활동이다. 무슨 목적을 어떤 방법과 수단으로 실현할 것인가 하는 것을 옳게 규정하는 것이 창조적 활동의 성과를 좌우하는 기본 요인이 된다는 것은 의심할 바 없다.

인간의 모든 활동은 목적에 맞아야 값진 것이 될 수 있다. 인류의 근본 목적은 세계의 주인, 자기 운명의 주인으로서 끝없이 생존하고 발전하는 것이다. 인간의 모든 인식 활동과 실천 활동은 종국적으로는 인간의 근본 목적에 부합될 때만 가치 있는 것으로 평가될 수 있다.

우리가 일생을 값지게 살아가기 위해서는 올바른 생의 목적을 세우고 그 목적을 실현하기 위하여 일관성 있게 전력을 다해 노력하는 것이 필요하다. 이런 점에서 목적과 수단의 문제는 인생관의 기본 문제라고 볼 수 있다.

인생의 참다운 목적이 무엇이고 그것을 실현하는 가장 현명한 방법과 수단이 무엇인가를 밝히는 것이 인생관의 기본 임무가 되기 때문이다. 모든 전략과 전술의 기본 요구는 투쟁의 전략적 목적을 정확히 세우고 그것을 실현하기 위한 가장 합리적인 수단과 방법을 규정하는 것이다.

그러므로 우리는 어떠한 일에 착수하기 전에 자기가 달성해야 할 목적이 현실성이 있고 자기의 근본 이익에 맞는가 안 맞는가를 면밀히 검토한 다음에 이 목적에 맞는 수단과 방법을 찾아내야 한다.

수단은 목적에 맞아야 하지만 목적을 실현하기 위해 수단과 방법을 가리지 않아도 되겠는가? 목적은 수단을 신성화한다는 명제는 정당한가 하는 문제가 제기된다.

마키아벨리[17]는 군주의 지배권을 강화하는 것을 최고의 목적으로 삼았기 때문에 이를 위해서는 백성들을 기만하고 탄압하는 것도 필요하다고 주장하였다.

근본적으로 수단은 목적에 복종해야 하지만 수단이 없는 목적은 실현될 수 없는 공상에 지나지 않는다. 목적을 생각할 때는 반드시 그것을 실현할 수 있는 수단과 방법이 무엇인가에 대해 생각해야 하며, 목적과 수단을 일치시키는 것이 필요하다.

먼저, 정당한 목적을 세우기 위하여 관심을 기울여야 한다. 목적이 정당하지 못할 때는 사회적 집단의 지지를 받을 수 없으며, 자기 사업을 위하여 헌신 분투하려는 의욕을 가질 수 없다. 목적이 비인간적인 경우에는 양심의 가책을 받게 된다. 민주주의가 널리 보급되면서 모든 사회적 운동에서 대의명분을 세우는 것이 첫째 가는 중

---

17) 니콜로 마키아벨리(1469.5.3.~1527.6.21.)는 르네상스 시대 이탈리아의 사상가, 정치철학자다. 그는 레오나르도 다빈치와 함께 르네상스인의 전형으로 알려져 있다. 《군주론》의 저자로서 근대 정치철학의 기틀을 만든 사상가이다. '정치적 목적을 달성하기 위해서는 수단과 방법을 가리지 않아야 된다'라는 마키아벨리즘으로 비판받기도 하지만, 그럼에도 오늘날 마키아벨리의 사상이 중요하게 평가받는 까닭은, 그 정치적 목적이 민중의 자유를 보장해야 달성할 수 있는 것이라고 주장했기 때문이다. 다수의 민중이 정치의 핵심이라는 마키아벨리의 주장은 이후 근대 유럽의 공화주의 담론 부활의 계기가 된다.

요한 문제로 나서는 이유가 여기에 있다. 대의명분이 뚜렷하지 않을 때에는 자기 사업에 대한 긍지감을 가질 수 없고 사회적 집단의 지지를 기대할 수 없다.

목적에 맞게 운동하는 것은 생명체를 무생명체와 구별하는 본질적인 징표이다. 이런 점에서 목적과 수단의 통일은 생명체의 생명활동을 특징짓는 기본 징표라고 볼 수 있다.

그러나 무생명 자연계에서도 목적과 수단의 관계가 전혀 없는 것은 아니다. 모든 사물은 다 자기를 보존하려는 근본 속성을 가지고 있으며 이 속성에 따라 자기 존재의 특성에 맞는 각이한 운동을 하게 된다. 이 점에서 존재와 운동 사이에는 목적과 수단의 관계가 있다고 볼 수 있다.

인간의 운명 개척 과정은 결국 인간의 자주적인 삶의 요구를 창조적 역할에 의해 실현해 나가는 과정이다. 이 점에서 목적과 수단의 변증법은 인간의 운명 개척의 길을 밝혀주는 중요한 변증법이라고 볼 수 있다.

자주적인 삶의 요구와 창조적인 삶의 힘은 정신과 결부되어서만 작용할 수 있다. 정신은 무엇보다도 인간의 삶의 요구를 자주적으로 강화하고 삶의 힘에 대한 삶의 요구의 지휘 기능을 창조적인 것으로 강화할 필요성으로부터 발생하였다. 이런 점에서 정신의 뿌리는 삶의 요구이며, 삶의 요구의 뿌리는 존재의 자기 보존성이라고 말할 수 있다.

정신은 크게 세 가지 기능을 수행한다. 인식 기능, 감정 기능, 의지 기능이 그것이다. 인간은 인식 기능을 통해서 지식을 얻게 된다.

지식은 크게 두 가지로 나눌 수 있다. 사물 자체의 특성을 인식하여 얻은 지식과 사물에 대한 인간의 이해관계를 인식하여 얻은 지식이다. 이해관계에 관한 지식은 주로 자주적인 요구를 강화하고 행동의 목적을 세우는 데 이용된다. 사물 자체의 특성에 관한 지식은 보통 과학지식이라고 불리는데 주로 인간의 창조력을 강화하는 데 이바지하게 된다.

사물 자체의 존재에 끝이 없는 만큼 사물 자체의 특성에 관한 지식에도 끝이 없다는 것은 명백하다. 물질의 구성요소와 결합구조에 관한 지식을 많이 가질수록 물질을 인간이 요구하는 방향에서 개조하여 이용할 수 있다.

인간이 삶의 목적을 올바로 세우기 위해서는 세계의 본질과 자기 자신의 본질을 알아야 하며, 세계에서 차지하는 인간의 지위와 역할을 알아야 한다. 그래야 세계의 주인, 자기 운명의 주인으로서의 삶의 목적을 세울 수 있다.

예로부터 정치를 잘하여 국민들의 운명 개척에서 새로운 길을 열어놓은 정치 지도자들은 무엇보다 먼저 국민들에게 쟁취해야 할 뚜렷한 목표와 비전을 제시했다. 목표와 비전이 있어야 국민들은 신심을 갖고 단결하여 용감하게 앞날을 개척해 나갈 수 있다.

단언컨대 목적과 수단의 변증법은 인간의 운명 개척에서 자주성을 옹호하는 입장과 창조성을 옹호하는 방법의 변증법으로 구현되는 것이다.

5. 주체와 객체의 변증법

주체와 객체의 변증법은 인간의 운명 개척에서 가장 중요한 자리를 차지하는 변증법이라고 볼 수 있다. 자주적, 창조적으로 자기 운명을 개척해 나가는 사회적 존재인 인간이 출현함으로써 세계는 사회적 존재와 자연적 존재로 상대적 분리되어 대립하게 되었으며, 인간과 자연의 대립과 통일을 인간의 주도적 역할에 의하여 발전시켜 나가는 것이 인간의 운명 개척과 우주 발전의 기본 문제로 제기되었다.

인간은 자연을 자기의 요구에 맞게 개조하여 자연의 힘을 인간의 힘으로 전환시킴으로써 생존하고 발전할 수 있으며, 세계에서 차지하는 인간의 자주적 지위와 창조적 역할을 높여 나갈 수 있다. 자연을 인간의 요구에 맞게 개조하여 그것을 사회적 존재의 구성 부분으로 전환시키며, 세계에서 차지하는 인간의 자주적 지위와 창조적 역할을 높인다는 것은 인간과 자연의 통일을 강화한다는 것을 의미한다.

인간과 자연의 통일을 강화하는 동시에 인간과 자연의 발전 격차를 더욱 강화하여 양자 간의 대립성을 높여 나가는 것은 인간의 운명 개척의 합법칙적 과정인 동시에 우주가 인간중심으로 변화 발전해 나가는 기본 원리이기도 하다.

인간은 자기 운명을 자주적으로, 창조적으로 개척해 나갈 뿐 아니라 우주 발전을 대표하는 가장 발전된 존재로서 우주의 발전에 대해서도 책임져야 할 의무를 지니고 있다. 이런 점에서 인간은 자기 운명 개척의 주체일 뿐 아니라 우주 발전의 주체이기도 하다.

인간의 운명과 우주의 운명과 관련하여 인간과 자연의 대립과 통일을 발전시켜 나가는 것보다 더 중요한 것은 없다. 주체와 객체의 통일의 변증법은 인간의 운명 개척을 담보하는 기본 변증법인 동시에 우주 발전을 담보하는 기본 변증법이기도 하다.

앞에서 논한 '대립물의 통일의 변증법'은 모든 사물은 대립의 면과 통일의 면이라는 양면을 가지고 있기 때문에 인간의 운명 개척을 위한 창조적 활동이 끝없이 가능하다는 진리를 밝혀주는 변증법인 것이며, 주체와 객체의 상호 관계의 본질 자체를 직접 밝혀주는 변증법이 아니다.

물론 대립물의 통일의 변증법이 대립과 통일을 다 같이 발전시키는 것이 사물 발전의 일반적 법칙이라는 것을 밝혀주고 있다는 점에서는 인간의 운명 발전과 우주 발전의 경우도 다 포괄하고 있다고 볼 수 있지만, 대립물의 통일의 변증법이 인간과 자연의 대립과 통일의 특성 자체를 밝혀주는 변증법은 아니다. 주체를 강화하고 주체의 창조적 역할을 높이는 것에 대한 원칙은 인간의 운명 개척에서 의거해야 할 가장 중요하고도 기본적인 전략적 원칙이다.

주체를 강화하기 위해서는 인간의 기본 생명력인 정신적 생명력과 물질적 생명력, 사회적 협조의 생명력을 강화해야 한다. 이를 위해서는 인간개조사업, 자연개조사업, 사회관계개조사업의 3대 개조사업을 강화하는 것이 필요하다.

이것은 3대 개조사업을 강화해 나가는 것이 인간의 끝없는 운명 개척을 위해 인간이 영원히 진행해야 할 창조적 사업이다.

먼저, 자연을 개조하는 창조적 역할을 통해 인간의 물질적 생명력을 강화하고, 이에 기초하여 인간개조와 사회관계개조를 위한 창조적 활동을 강화하여 인간의 정신적 생명력과 사회적 협조의 생명력을 강화해 나가야 한다.

그러면 주체의 생명력을 강화하고, 이를 위한 역할을 높이는 목적은 무엇일까?

그것은 인간의 자기보존 욕구를 더 잘 실현하기 위한 지위를 차지하는 것이며, 인간의 자주적 지위를 마련하기 위하여 창조적 역할의 기초를 더욱 강화하는 것이다.

인간의 삶의 요구의 실현과 인간의 생명력의 강화는 다 같이 인간에게 기쁨과 행복을 준다. 이런 의미에서 세계에서 차지하는 인간의 자주적 지위와 창조적 역할을 높이는 것은 곧 인간의 행복의 수준을 높이는 것을 의미한다.

아울러 이것은 인간의 행복이 인간의 운명 개척의 목적이라는 것을 의미한다.

인간의 모든 생존 활동, 자기 운명을 개척하기 위한 모든 활동의 가치평가는 그것이 인간의 행복을 실현하는 데 얼마나 기여하였는가에 의해 진행되어야 한다.

세계에서 차지하는 인간의 자주적 지위와 창조적 역할을 높이는 목적은 인간의 행복 수준을 높이는 데 있는 만큼, 인간의 발전 수준과 행복 수준이 일치되도록, 즉 인간의 생명력의 발전 수준에 상응하게 생활에서 얻어지는 기쁨과 행복 수준의 높이가 일치되도록 노력하는 것이 필요하다.

세계에서 차지하는 인간의 자주적 지위와 창조적 역할을 끝없이 높여 나간다는 것은 인간과 자연, 주체와 객체의 통일을 끝없이 확대 강화해 나간다는 것을 의미한다.

인간은 자기의 생명력을 강화하기 위하여 3대 개조사업을 계속 힘 있게 발전시키는 한편, 자연의 자기 보존성과 주동적, 능동적 운동능력을 높이도록 도와주어야 한다. 그래야만 인간과 자연, 주체와 객체의 협조와 협동, 그리고 통일을 확대 강화해 나갈 수가 있다.

인간과 자연의 통일과 협조, 협력의 강화는 인간의 발전의 원천일 뿐 아니라 행복의 원천이기도 하다.

인간은 우선 지구의 자기 보존성과 주동적 운동능력을 강화하도록 해야 한다. 더 나아가서는 가까운 천체인 달이나 화성과 같은 것도 자기 보존성을 강화하고 운동능력을 강화하여 내부의 진화 발전 과정을 촉진하도록 도와주어야 하며, 목성이나 토성까지도 진화 발전의 방향에서 조절해 나가야 한다.

인간 사회 내부에서도 주체와 객체를 통일시켜 나가는 것이 중요하다. 보다 더 발전된 편이 주체가 되고 뒤떨어진 편은 객체가 될 것이다. 그러나 발전을 대표하는 편이 주체라고 하여 주체의 힘이 언제나 객체의 힘보다 우세하다는 것을 의미하지는 않는다.

봉건사회에서 봉건 통치계급의 힘은 선진적인 민주주의 집단의 힘보다 강했다. 이것은 연속성과 불연속성의 사례에서 그 원리를 해명할 수 있다.

자연계의 관계에서도 마찬가지다. 자연은 인간에 비하여 멀리 뒤떨어져 있지만, 아직 운동의 주체는 인간이 아니라 자연이다. 그러나 부분적으로는 자연과 인간의 상호 관계에서 인간이 주도권을 장악하고 주체 역할을 한다. 아마도 지구의 범위에서는 자연과의 상호작용에서 인간이 주체이고, 자연이 객체로 되어 있다고 말할 수 있을 것이다. 그러나 인간의 발전 수준이 높아질수록 자연에 대한 인간의 주도적 지위는 계속 확대될 것이며 마침내 우주 운동에서도 인간이 주도권을 장악할 날이 오게 될 것이다. 그러므로 보다 더 발전된 존재가 언제나 운동의 주체로 되는 것은 아니다.

주체가 객체와의 대결에서 주도권을 장악하고 승리할 수 있는 결정적 요인은 자주성이 강하다는 것이다. 자주성은 자주적인 사상이 대표한다. 자주적인 사상이 강한 편이 주도권을 잡고 승리할 수 있다.

적과의 대결에서 힘도 중요하지만 이 힘은 자주성을 따라간다. 즉 자주성이 강한 편이 종국적으로 승리하게 된다. 적과의 대립은 개인 대 개인의 대결이 아니라, 집단 대 집단의 대결이다. 이 경우에는 집단의 자주성, 집단의 사상적 통일을 보장하는 것이 개인의 특성을 살리는 것보다 더 중요하다.

이런 점에서 개인주의적 자유민주주의는 집단주의적 독재체제와의 대결에서 커다란 약점을 갖고 있다. 자유민주주의 체제는 집단주의적 독재체제에 비하면 근본적으로 우월하며 진보적인 사상이다.

그러나 자유민주주의 체제에서는 개인의 사상적 자유와 다양성을 강조하지만, 집단의 사상적 통일과 단결 문제는 등한시하기 때문에 집단으로서의 자주성이 취약하다는 사정과 관련되어 있다.

자유민주주의 체제하에서는 사상적 통일이 되지 않고 분산되어 있기 때문에 집단이 하나의 정신으로 통일되어 있지 않다. 그러므로 경제력이나 군사력이 우월하여도 사상전에서 주도권을 장악하지 못하여 집단주의적 독재 사상의 침투를 막지 못하는 경우도 있다.

생명은 삶의 요구가 대표하며, 삶의 요구는 사상이 대표한다. 사상의 결합은 곧 생명의 결합을 의미한다. 생명이 결합되면 개인의 생명을 초월한 강한 새로운 생명을 형성한다. 사상적으로 통일 단결된 힘은 개인의 생명보다 비할 바 없이 강하다.

그러나 개인주의적 자유방임주의에 물든 일부 지식인들은 집단의 사상적 통일이 마치 개인의 자유와 평등을 저해하는 것처럼 주장하며 뿔뿔이 분산되어 저마다 잘난 체하기를 좋아한다. 그러나 이런 사람들은 고립되고 분산된 존재이기 때문에 신념과 투지가 강할 수 없으며 집단주의 위력 앞에 굴복하게 된다.

참다운 양심은 민주주의의 원칙에 기초해야 한다. 인간은 고립적으로 태어날 수도 없고 살 수도 없다. 이런 점에서 사회 공동의 이익은 개인의 이익보다 귀중하다.

주체와 객체의 대결에서 주체의 승리를 담보하는 데 있어서 주체를 강화하고 주체의 역할을 높이는 것보다 중요한 원칙은 없다. 주체의 역할을 높이기 위해서 무엇보다 중요한 것은 집단의 사상적 통일 단결과 협조 협력을 강화하며 정치적 지휘 기능을 발휘하는 것이다.

또한, 주체를 강화하고 주체의 역할을 높이는 원칙을 지키는 동시에 객체를 중요시하고 객관적 조건과 실정에 맞게 활동하는 원칙을 지키는 것이 중요하다.

변증법은 사유의 법칙에 대하여 연구하는 논리학이 아니라 인간의 운명 개척에서 지켜야 할 원칙과 방법을 밝혀주는 철학 이론이다. 때문에 변증법은 인간의 운명 개척에 의거해야 할 전략 전술이라고 말할 수 있다. 단, 주체를 강화해야 하지만 먼저 객체를 중시하고 객체를 과학적으로 연구, 파악하여 객관적 대상과 실정에 맞는 전략 전술을 세워야 한다.

제4장
세계에 있어서 인간의 지위와 역할

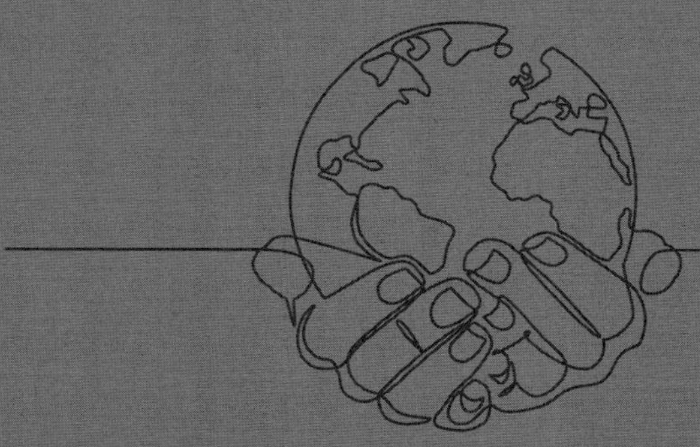

물질적 세계의 일반적 특징과 인간의 본질적 특성이 해명된 후 철학이 밝혀야 할 문제는 세계에 있어서 인간의 지위와 역할에 관한 문제이다. 철학의 근본 문제는 바로 이에 관한 해답을 주는 것이다. 세계의 일반적 특징과 인간의 본질적인 특성의 해명은 세계에 있어서 인간의 지위와 역할을 해명하기 위한 전제조건이 된다.

철학의 사명은 인간의 운명 개척에 있어서 그것을 실현하기 위해서는 인간이 세계의 주인의 지위를 차지하고 세계의 개조에 있어서 결정적 역할을 한다고 하는 근본 문제를 과학적으로 해명하지 않으면 안 된다. 이것은 철학의 궁극적 목적이며 총괄이다. 그렇다고 해서 오늘날 인간이 세계의 주인이 되었다는 것은 아니다. 이것은 먼 미래의 일일 것이다. 그러나 인간 이외에는 세계의 주인이 될 수 있는 속성을 갖고 있는 존재는 없다.

인간도 생명 유기체의 진화 발전의 산물이지만, 인간의 발생은 생명 유기체의 발전에서뿐 아니라 전 우주 발전에서 획기적인 의의를 가지는 대사변이 되었다. 우주 발전의 역사에서 이 이상 더 큰 사변은 생각할 수 없는 것이다. 그것은 단순히 자연의 예속에서 벗어나 자주적으로 자기 존재를 유지할 수 있는 새로운 존재가 출현하였다는 데 그치는 것이 아니라 인간이 자연을 자기 요구에 맞게 개조하는 창조적 활동을 통하여 인간 자신을 보다 더 위력한 존재로 발전

시켜 나갈 뿐 아니라 자연 세계 자체를 인간의 뒤를 따라 변화 발전
하도록 주도해 나가게 되었기 때문이다.

인간이 발생한 이후에는 인간의 발전이 곧 자연의 발전을 대표하
게 되었으며, 세계가 점차 인간이 주도하는 세계로 변화 발전하는
것이 세계의 변화 발전의 합법칙적 과정으로 전환되게 되었다.
인간은 자기의 생존과 발전의 요구에 맞게 세계를 변화 발전시켜
나갈 수 있는 자주적 지위(주인의 지위)를 차지하게 되었으며, 세계
를 인간중심 세계로 변화 발전시키는 창조자의 역할을 담당하게 되
었다.

1. 세계에서 차지하는 인간의 자주적 지위

자연의 유구한 진화 과정에서 인간이 발생하였지만, 인간은 자연적 존재의 연장인 것이 아니라 자연과 질적으로 구별되는 새로운 사회적 존재이다. 사회적 존재인 인간은 자연의 변화와 운명을 같이하는 자연의 한 부분이 아니라 자기의 창조적 힘에 의거하여 자연을 자기의 요구에 맞게 개조하면서 자기의 운명을 개척해 나가는 자주적 존재이다. 인간은 자연에 대하여 주인의 입장에 서 있다.

물질의 양적 크기 면에서 보면 사회적 존재는 자연적 존재와 비교가 되지 않을 정도로 작지만, 물질의 질적 발전 수준에서 보면 자연적 존재는 사회적 존재와 비교가 되지 않을 정도로 뒤떨어진다.

지금 우주가 진행하는 단순한 운동은 자연적 존재가 진행하고 있지만 물질을 발전시켜 나가는 창조적 운동은 사회적 존재인 인간이 독점하고 있다고 해도 과언이 아니다. 물질세계의 질적 발전을 주도하고 있는 것은 사회적 존재인 인간이다.

사회적 존재인 인간은 자연적 존재와의 상호작용에서 주도권을 장악하고 있으며 끊임없이 자기의 주인으로서의 지위를 확대해 나가고 있다.

아직 인간은 작은 지구 하나도 완전히 관리하지 못하고 있지만, 인간의 창조적인 힘은 날이 갈수록 가속적으로 빨라지고 있으며 인간의 영향력이 미치는 범위는 급속히 확대되고 있다. 머지않은 장래에 인간은 지구상의 기후 조건의 변화 같은 것을 계획적으로 조절할 수 있게 될 것이다. 인간이 지구의 변화 과정을 자기의 요구에 맞게 조절할 수 있게 된 다음에는 태양계를 관리하게 될 것이다.

인간이 태양계를 관리하는 것이 가능하다면 우주의 운동을 인간의 요구에 맞게 조절하는 것도 가능하다고 보아야 할 것이다. 천문학자들은 200만 년 후에는 인간이 우리 태양계가 속해있는 은하계 우주를 관리하게 될 것이라고 내다보고 있다.

일부 사람들은 인간의 발전에 한계가 있다고 주장한다. 그들은 인간 육체의 생리적 특성에도 제한성이 있고, 과학적 인식능력에도 제한성이 있다고 주장한다. 그러나 인간은 자연이 가지고 있는 힘을 자기의 힘으로 전환시킴으로써 발전할 수 있다. 자연은 끝이 없으며 끝없는 힘을 가지고 있다. 이것은 인간이 끝없이 발전할 수 있는 원천을 가지고 있다는 것을 말해준다.

인간은 사회적으로 협동하여 기계 기술 수단들을 창조한다. 현대적 공장에서 제품생산을 담당하고 있는 것은 인간이 아니라 인간이 창조한 방대한 기계 기술 수단들이다. 이것은 인간이 자연을 개조하여 인간과 협동할 수 있는 요소들을 얼마든지 증대시켜 나갈 수 있으며, 협조 협동할 수 있는 요소가 증대될수록 인간의 주동성과 능동성이 증대될 수 있다는 것을 말해 주는 것이다.

인간은 먼저 자연을 개조하여 자연의 무진장한 물질적 힘과 사회 협조적 힘을 증대시킨다. 그 결과 인간은 정신적 힘과 물질적 힘, 사회 협조적 힘을 지닌 막강한 생명력을 가지고 자기를 보존하기 위한 주동적이며 능동적인 운동을 진행하게 된다.

인간의 인식능력 역시 인간의 주동성과 능동성의 발전의 산물이다. 그러므로 현재로서는 인식할 수 없는 현상이 적지 않으며 인간의 인식능력에 한계가 있는 것같이 보이지만 자연개조사업에 기초하여 진행되는 인간의 발전에는 끝이 없으며 따라서 인식능력 발전에도 끝이 없다는 것은 의심할 바 없다.

자연에 대한 인간의 인식 활동도 인간과 자연 간의 상호작용의 한 형태이다. 인간이 자연을 인식할 수 있다는 것 자체가 자연에 비한 인간의 월등한 주동성과 능동성을 표현하고 있다. 인간의 자주성과 창조성, 사회적 협조성이 강화될수록 자연에 대한 인간의 주동성과 능동성은 더욱 강화되며 자연에 대한 인식능력과 자연을 개조하는 실천적인 창조적 능력이 더욱 발전하게 된다.

인간의 인식 활동과 실천 활동은 뗄 수 없이 연결되어 있다. 인간이 자연을 인식하는 공정은 자연을 물리적으로 자기의 요구에 맞게 개조하기 위한 실천 활동을 진행하기 전에 정신적으로 진행하는 창조적 활동이다. 인식은 실천의 선행 공정으로써 인간의 실천 능력 발전에 이바지하며, 실천은 인간의 인식능력 발전에 직접적으로나 간접적으로 이바지하게 된다. 실천은 인식의 기초로 되고 인식의 진리성을 검증하는 기준으로 될 뿐 아니라 인식능력의 발전을 위한 물리적 조건을 보장해 준다.

인간의 인식능력 자체만을 고립적으로 고찰할 것이 아니라, 그것을 인간의 발전 전반에 결부시켜 보아야 한다. 즉 인간의 인식능력의 발전은 인간의 종합적인 발전의 일환으로 고찰되어야 한다. 인간의 물질적 힘의 발전, 사회적 협력의 발전, 인간의 지식의 발전 등의 결과 인간의 인식능력도 발전하게 된다.

인간이 자연의 힘을 자기의 힘으로 전환시켜 인간의 물질적 힘과 정신적 힘, 사회적 협력의 힘을 발전시켜 나가는 활동을 계속하는 과정에 인간의 인식능력에서도 질적인 비약이 일어날 수 있다.

인간에게는 인류 발전에 필요한 양분을 끝없이 공급해 줄 수 있는 대우주가 있고, 발전할수록 더욱 빨리 발전할 것을 요구하는 인간의 자주적인 요구가 있다. 발전의 끝없는 원천과 발전의 끝없는 동력이 있는 만큼 발전하기 위해 노력하기만 하면 인간은 우주의 주인, 자기 운명의 주인으로서 끝없는 발전의 길을 걷게 될 것이며, 우주에서 차지하는 인간의 자주적인 지위는 끝없이 높아지게 될 것이다.

세계에서 차지하는 인간의 자주적 지위가 높아진다는 것은 세계를 인간의 생존과 발전의 요구에 맞게 이용하고 관리할 수 있는 자유의 범위가 확대된다는 것을 의미하며, 그만큼 삶의 수준이 높아진다는 것을 의미한다.

인간은 가장 발전된 존재로서 자기의 운명에 대해서 뿐 아니라 우주의 운명에 대해서도 책임을 지고 있는 만큼 자기의 생명력을 계속 끝없이 발전시키고 세계에서 차지하는 자주적 지위를 끝없이 높여 나가야 한다. 인간의 끝없는 발전 속에 끝없는 삶의 행복과 삶의 보람이 있다.

세계에서 차지하는 자주적 지위를 끝없이 높여 나가는 것이 인간의 삶의 보람이며 목적이라고 볼 수 있다.

개인의 생명은 한 생으로 끝나지만, 모든 개인들이 공유하고 있는 인류의 생명은 세대에 세대를 이어 영원히 생존한다. 개인은 모든 개인의 공동의 생명인 인류의 생명이 세계의 주인으로서의 사명을 다하게 하는 위업에 기여하여야 한다. 여기에 개인의 삶의 보람이 있는 것이다.

2. 세계에서 차지하는 인간의 창조적 역할

인간은 우주에서 유일한 자주적인 존재인 동시에 창조적인 존재이다.

최초의 우주는 단순히 물질적인 존재들이 끌어당기고 배척하는 단순한 운동만 하는 세계였다. 이러한 세계에서는 물질은 왜 존재해야 하며, 왜 운동해야 하는가에 대해 그 의미를 생각할 수 없었다. 이러한 상태에서는 유와 무를 구별할 필요도, 운동과 정지를 구별할 필요도 없을 것이다.

불덩어리와 사막밖에 없는 세계, 꽃도 없고 열매도 없고 미운 것과 아름다운 것도 없고 행복과 고통도 없는 세계, 한마디로 말해 생명이 없는 세계는 귀중성을 모르는 값없는 세계이다. 인간이 출현함으로써 우주는 끝없이 심원한 의미를 가진 세계로, 무한한 가치를 가진 귀중한 존재로 전환되었다.

현재 우주는 계속 팽창하고 있는 상태라고 한다. 팽창이 계속되면 모든 천체들이 다 식어버리게 될 것이며, 그다음에도 계속되면 모든 천체들과 원자들이 다 붕괴되어 우주 물질이 원시 상태로 되돌아갈 수 있을 것이다.

이러한 우주의 팽창 운동과는 정반대로 인간은 우주의 힘을 자기 힘으로 전환시키는 운동을 계속함으로써 우주의 힘을 인간에게 집중시키며 인간중심의 세계를 끊임없이 확대해 나가고 있다. 이 점에서 우주의 자연적 운동과 인간의 사회적 운동은 경쟁을 하고 있다고 볼 수 있다. 이 경쟁에서 인간이 이겨야만 인간은 자기 운명을 계속 개척해 나갈 수 있다.

인간은 자기의 창조적 활동을 통하여 두 가지 큰 문제를 해결하지 않으면 안 된다.

첫째, 인간의 자주적 지위를 강화하기 위한 창조적 활동은 계속하여야 한다. 인간은 자연의 힘을 자기 힘으로 전환시키지 않고서는 살 수도 없고 발전할 수도 없다. 그러나 자연은 인간에게 자기 힘을 그냥 주지는 않는다. 인간은 자연을 자기 요구에 맞게 개조하기 위한 창조적 활동을 통하여 자연의 힘을 자기의 힘으로 쟁취하여야 한다. 이런 점에서 자연과 인간은 대립되어 있으면서도 통일되어 있다. 인간이 존재하는 한 인간과 자연 간의 대립과 통일은 계속될 것이다.

현재 인간은 자연에 대하여 자주적인 지위를 차지하고 있다. 그러나 만일 인간이 지금보다 더 발전하지 못하고 제자리에 머물러 있게 된다면 인류의 멸망은 불가피하다.

믿기 어려운 일이지만 태양의 수명은 50억 년 정도밖에 남지 않았다는 것이며, 우주의 팽창 문제와 관련해서도 현재의 자연과학적 인식의 수준으로서는 해명할 수 없지만, 인간의 발전 속도가 자연의 변화 속도보다는 매우 빠르기 때문에 극복할 수 있을 것으로 생각된다. 그러므로 인간의 발전을 예견하지 않고 자연의 변화와 관련하여 비관적인 결론을 앞세우는 것은 옳은 태도라고 볼 수 없다. 중요한 것은 인류가 자만 도취하여 안일 해이하게 생각하지 않고, 계속 자연을 개조하는 사업과 자기 자신을 갱신하는 사업을 힘 있게 추진하는 것이다.

둘째, 인간은 인간중심의 새 세계를 창조해 나아가야 한다.

인간이 우주에서 차지하는 자주적 지위를 공고히 하고 확대해 나가는 사업과 인간중심의 새 세계를 창조하는 사업은 같은 사업의 두 면이라고 볼 수 있다. 우주에서 차지하는 인간의 자주적 지위를 확대 강화하는 것은 인간중심의 새 세계를 창조하기 위한 필수적 전제조건이 된다. 그러나 인간은 우주에 대하여 자주적 지위를 보존하는 데 그칠 것이 아니라, 우주를 더욱 아름답고 값있는 우주로 개조 발전시켜야 한다.

우주를 인간의 요구에 맞게 개조한다는 것은 우주를 인간화한다는 것을 의미한다. 인간은 세계에서 가장 발전된 존재일 뿐 아니라 가장 아름답고 값있는 존재이다. 우주가 인간의 요구에 맞게 개조되어 사회적 존재의 구성 부분으로 전환된다는 것은 우주가 그만큼 아름답고 값있는 존재로 발전한다는 것을 의미한다.

인간은 자주적으로 살며 발전하려는 요구에 맞게 자연을 끊임없이 개조해 나갈 뿐 아니라 자기를 더욱 아름답고 힘 있는 존재로 개조해 나갈 것이며, 인간과 자연은 인간이 발전할수록 더욱 밀접한 관계를 맺고 통일되어 나갈 것이다.

공업화를 위해 일시적으로 자연을 파괴하는 현상이 있을 수 있다. 이러한 현상이 일어나지 않도록 최대의 관심을 돌리는 것이 필요할 것이다. 그러나 일시적으로 자연환경을 파괴하는 일이 있다 하더라도 사회 발전에 유익한 일이라면 주저하지 말고 진행하여야 한다.

역사적인 사실은, 사회 발전에 유익한 일은 일시적으로 자연환경을 손상시키더라도 종국에는 자연을 더욱 아름답게 발전시키는 결과를 낳는다는 것을 보여주고 있다.

장기적인 안목에서 본다면 인간에게 유리한 것은 자연에도 유리하지 않을 수 없다는 것을 알 수 있다. 실제적으로 후진 농업 국가들이 자연을 더 귀중히 여기고 자연을 잘 가꾸어 나갈 수 있을 것 같지만, 현실적으로는 공업이 발전한 선진 국가들이 훨씬 더 자연을 보호하고 키워나가는 사업을 훌륭히 하고 있다.

인간이 자연의 힘을 자기의 힘으로 전환시키지 않고서는 살 수도 없고 발전할 수도 없다는 것은 자연이야말로 인간의 생명력의 끝없는 원천이라는 것을 말해준다. 그러므로 인간이 보다 더 힘 있는 존재로 발전할 수 있도록 인간은 자연으로부터 더 큰 생명력을 받아 안게 된다는 것을 더 깊이 자각하게 되어 인간과 자연의 관계가 더욱 밀접하게 되고, 자기 생명의 무한한 원천인 자연을 더욱 귀중히 여기게 된다.

인간이 자기를 만능의 힘을 지닌 숭고한 존재로 발전시키고, 인간중심의 세계를 창조하여 인간과 자연을 다 같이 발전시킨다는 것은 인간이 자기 운명의 주인으로 될 뿐 아니라 우주 운명의 주인으로 된다는 것을 의미한다.

아무리 생명이 없는 원자나 분자라 할지라도 그것들도 다 자기 존재를 보존하려는 성질을 가지고 있는 바, 모든 천체들과 원자들이 다 붕괴되어 원시 물질로 전환되고 대폭발을 일으키게 된다는 것은 자연 자체의 죽음을 의미한다고 볼 수 있을 것이다. 자연을 폭발과 팽창, 수축의 무의미한 운동에서 구원하고 끝없이 발전하는 존재로 만드는 것은 우주에 생명을 주는 거나 다름없다.

인간이 창조적 활동을 계속하여 인간중심의 우주를 창조하게 되면 우주 전체가 인간화되어 사회적 존재로 전환된다. 이렇게 되면 인간은 우주를 자기 몸으로 하고, 자기 정신을 우주를 관리하는 정신으로 하며, 우주의 힘을 자기의 힘으로 하는 위대한 우주적 존재로 발전하게 될 것이다.

3. 세계 운명의 주인으로서 인간의 사명

첫째, 우리는 인간으로 태어난 것을 끝없는 영광으로 생각하고 운명의 주인임을 깊이 명심해야 할 것이다.

광대한 우주에는 우리 태양의 1,000억 배의 또 1,000억 배 이상의 물질이 존재한다. 오늘날 과학자들이 제기하고 있는 암흑 물질이라든가 진공 에너지 같은 존재를 염두에 둔다면 우주 물질에는 양적으로 끝이 없다고 볼 수 있을 것이다. 하지만 인간은 우주의 운명을 대표할 수 있는 유일한 존재이다. 우주를 물질세계의 대가정이라고 본다면 인간은 이 대가정의 운명을 책임지고 있는 가장이라고 말할 수 있다.

우리 인간이 원자나 분자로 태어난 것도 아니고, 우주의 운명을 대표하고 이끌어 나갈 수 있는 최고의 존재로 태어났다는 것은 인간 자신에게 있어서뿐만 아니라 우주 전체의 최대 경사이고 더 없는 영광이다.

인간은 우주가 체현하고 있는 맹목적인 힘을 목적의식적으로 작용하는 자기의 자주적인 정신과 창조적 힘으로 전환시킬 수 있는 유일한 자주적인 존재이며 창조적인 존재이다. 무한한 우주가 체현하고 있는 무한한 맹목적인 힘은 바로 인간의 자주적인 정신과 창조적인 힘에 의해 활짝 개화된다. 인간의 자주적인 정신보다 더 숭고한 요구와 의지는 없으며 인간의 창조적인 힘보다 더 위대한 힘은 없다. 인간은 끝없이 숭고한 자주적인 정신과 만능의 창조적 힘을 지닐 수 있고, 또 영원히 발전할 수 있는 가장 위대하고 신성한 존재이다.

이제 인간은 자기 존재의 위대성에 대해 자각하고 숭고한 자기 사명에 대해 깊이 생각해야 할 때가 되었다.

인간이 위대한 존재라고 할 때 그것은 현재의 인간만을 염두에 두고 하는 말이 아니다. 또 그것은 어떤 특수하고 걸출한 인간만이 아니라 모든 인간을 염두에 두고 하는 말이다. 인간의 위대성을 살리는 데서 가장 중요한 것은 모든 사람들이 인간의 위대성과 숭고한 사명을 자각하고 전 인류가 정의와 사랑의 원리로 결합되어 긴밀히 협력하는 것이다.

이렇게 될 때 모든 사람들이 다 위대한 인류의 생명을 자기의 생명으로 지니고 가장 숭고한 삶을 누릴 수 있는 것이다.

둘째는 우리는 위대한 생명을 받아 안은 영광에 상응하게 보람 있게 살아야 한다.

세상에는 천재일우(千載一遇)라는 말이 있다. 천년에 단 한 번 만날 수 있는 좋은 기회라는 뜻이다. 우리가 인간으로 태어났다는 것은 천재일우가 아니라 '천억재일우'라고 해도 모자랄 것이 없다. 게다가 우리가 받아 안은 이 귀중한 기회는 100년도 채 안 되는 짧은 기간이다. 이 짧은 기간에 우리가 어떻게 자기의 생명을 보람 있게 살아갈 것인가 하는 문제가 대두되고 있는 것이다.

보람 있게 산다는 것은 값있게 산다는 뜻이다. 우리의 생명이 무한한 값을 가지고 있는 만큼 이러한 생명의 귀중성에 어울리는 값진 것을 창조해 후대에 넘겨줌으로써 우리에게 생명을 안겨준 위대한 어머니의 은덕에 보답한다는 뜻이다.

우리가 보람 있게 산다는 것은 국가의 요구와 의지에 맞게, 인류의 요구와 의지에 맞게 산다는 것, 즉 인류의 끝없는 발전에 도움이 되게 산다는 것을 의미한다. 우리의 삶이 국가와 인류 발전에 도움이 되었을 때 우리는 일생을 값있게 살았으며, 보람 있는 삶이었다고 말할 수 있다. 반대로 우리의 일생이 국가와 인류 발전을 위해 아무런 기여도 하지 못하였다면 그것은 아무런 보람도 없는 삶이었으며, 그런 사람은 세상에 태어나지 않은 것과 다름이 없다.

우리는 인간 생명의 귀중성을 자각할수록 자기 생명을 아무런 보람 없이 헛되이 소모할 것이 아니라, 그것을 최대한 아끼고 사랑하며 민족과 인류 발전을 위한 위업에 동참하여야 할 것이다.

셋째로 인간은 자기 세대에 맡겨진 역사적 사명을 충실히 완수해야 한다.

인간의 생명은 한 세대로 끝나는 것이 아니라 세대를 이어 계승 발전되고 있다. 한 세대가 인류에게 부과된 위대한 사명을 다 수행할 수는 없다. 인간은 자기 세대에 부과된 임무를 충실히 수행하고 생명의 배턴을 다음 세대에 넘겨주어야 한다.

인간의 발전과정은 인간이 지니고 있는 자주성과 창조성의 발전과정인 동시에 인간 사이의 사회적 협조와 협력의 발전과정이다. 오늘날 인간이 지니고 있는 자주성과 창조성의 발전 수준에 비하여 사회적 협조와 협력 수준은 뒤떨어져 있다. 인간이 지니고 있는 능력에 비하여 사회적 협조와 협력의 수준이 뒤떨어질 때에는 비단 인간의 사회적 협력이 잘되지 않을 뿐 아니라 사회 내부에서 불화와 갈등을 초래할 수 있다.

지금 인간과 자연의 관계를 보면 자연은 인간의 발전을 저해하는 요인은 아니다. 오히려 인간의 발전을 위협하는 가장 큰 요인은 사회 내부의 불화이다. 인류가 이러한 사회적 재난에서 완전히 벗어나기 위해서는 지금 민족과 국가를 기본 단위로 하는 생활공동체를 인류를 하나의 기본 단위로 하는 생활공동체로 전환시키지 않으면 안 된다.

만일 인류가 운명을 같이 하는 하나의 생활공동체로 결합되어 긴밀히 협조하고 협력한다면, 인류는 자신들이 만들어 내는 사회적 재난으로부터 해방될 뿐 아니라 인류의 위력이 비약적으로 높아지게 될 것이다.

민족과 국가를 기본 단위로 하는 생활공동체로부터 전 인류를 하나의 단위로 하는 생활공동체로의 전환은 인류가 장구한 기간에 걸친 자기 발전과정에서 마지막으로 넘어야 할 가장 큰 고비라고 볼 수 있다.

인류가 자체 내의 모순을 극복하고 하나의 공동체로 결합된다는 것은 인류가 자기 자신의 주인이 된다는 것을 의미한다. 인류가 자기 자신의 주인이 되는 문제만 해결하면 결국 우주의 주인으로 되는 문제도 해결되는 것이다. 반대로 인류가 자기 자신의 주인이 되는 문제를 해결하는 데서 실패하게 된다면, 인류는 우주의 주인이 되는 문제도 해결할 수 없으며 결국 인류의 미래는 암담하다고 보지 않을 수 없다.

과학기술의 급속한 발전과 함께 정치, 경제, 문화의 모든 분야에서 세계화는 빨리 진척되고 있으며, 민족과 국가를 기본 단위로 하는 생활공동체로부터 인류를 하나의 단위로 하는 생활공동체로 넘어가는 데 필요한 물질적 조건은 점차 성숙되어 가고 있다.

민족과 국가를 기본 단위로 하는 생활공동체로부터 인류 생활공동체로의 이행은 인류가 지금까지 진행해온 사회적 변혁인 봉건사회로부터 자본주의 사회로의 이행이라든가, 한 나라 또는 일부 지역들에서 일어난 사회변혁과는 대비조차 할 수 없는 인류사회의 위대한 역사적 변혁이다.

이 변혁을 성공적으로 수행하는가 못하는가에 따라 인류의 운명이 좌우되고 우주의 운명이 결정된다. 이 위대한 역사적 변혁의 임무를 성공적으로 수행한 세대들의 공적은 영구불멸 할 것이다.

위대한 변혁의 임무를 받고 태어난 세대들은 마땅히 삶의 목적에 맞게 사는 것이 가장 보람 있게 사는 길이라는 것을 명심하고, 작은 성공에 도취하여 안일 해이하지 말고 더욱 헌신 분투하여 역사와 시대가 안겨준 임무를 훌륭히 수행해야 할 것이다.

제5장

인간은 무엇을 목적으로 어떻게 살 것인가?

1. 인간 존재와 인생관의 기본 문제

자연의 장구한 진화 과정에서 인간이 발생하였지만, 인간은 자연적 존재의 연장이 아니라 자연과 질적으로 구별되는 새로운 물질적 존재인 사회적 존재이다. 사회적 존재인 인간은 자연의 변화와 운명을 같이하는 자연의 일부분이 아니라 자기의 창조적 힘에 의거하여 자연을 자기의 요구에 맞게 개조하면서 자기의 운명을 개척해 나아가는 자주적 존재이다.

자주적 존재인 인간은 스스로 운명을 선택할 수 있고 무한한 잠재력을 지니고 있으며, 지혜롭고 매우 고상한 아름다운 존재이다. 인간보다 더 위대하고 숭고한 존재는 없다. 그뿐만 아니라 인간은 나날이 더욱 위대하고 숭고한 존재로 발전해 나가는 존재이다.

인간은 세계의 주인, 자기 운명의 주인으로서 영원히 발전해 나가는 존재이며 세상에서 가장 발전된 귀중한 존재이다.

위대한 존재로 계속 발전해 나가는 것은 인간의 본성이라고 볼 수 있다. 그러나 인간은 얼마든지 나쁜 방향으로 변할 수 있는 가능성도 있으며, 이런 경우에는 온갖 악의 수준을 초월한 가장 추악한 존재로도 될 수 있다.

인간의 생애는 100년도 안 되는 짧은 한 생이며, 단 한 번밖에 주어지지 않는 한없이 귀중한 존재이다. 한없이 귀중한 짧은 인생을 무엇을 목적으로 하여 어떻게 보람 있게 살 것인가 하는 것이 인생관의 기본 문제이다.

사회적 존재인 인간의 발생은 세계 발전에서 가장 위대한 역사적 대사변인 것이다. 지구상에 첫 생명체가 발생한 이후 수십억 년의 장구한 진화 과정을 거쳐 마침내 사회적 존재인 인간이 발생하게 되었다.

원래 생명을 가지지 못한 단순한 물질세계가 진화하는 과정에서 생명을 가진 물질이 발생하였다는 사실 자체가 한없이 신기하고 무한한 깊은 뜻을 담고 있는 기적이라고 볼 수 있다.

과학자들의 연구에 의하면 무생명 물질로부터 생명 물질이 자연 발생적으로 출현할 수 있는 확률은 매우 작다고 한다. 우리 태양계만 놓고 보더라도 전체 질량의 99.87%는 불타는 태양이 차지하고 있고 그 주위를 돌고 있는 8개의 행성 가운데서 지구에서만 생명 유기체가 발생할 수 있었다.

지구와 같이 생명체가 발생할 수 있는 조건을 가진 천체가 얼마 되지 않을 뿐 아니라 이러한 가능성이 있는 천체인 경우에도 생명체가 발생할 가능성은 매우 적다는 것이다.

앞에서도 언급한 바와 같이 어떤 천문학자에 의하면 10억의 10억 배의 지구와 유사한 천체에서 10억의 10억 배의 연한에 걸쳐 10억의 10억 배의 실험을 거듭하여도 생명체가 발생할 가능성은 한 번 있을까 말까 하다고 한다.

약 140~150억 년 전에 대폭발로 인하여 우주가 발생하였다는 가설에 의하면 폭발 당시 온도는 10조 도, 폭발 후 1/100초 때는 1,000억 도의 고열이었다가 고온 고밀도 상태가 점차 저온 저밀도 상태로 변화되면서 은하계 우주들이 형성되었다고 한다. 우리 은하계가 약 100억 년 전에 형성되고 거기에 속해 있는 태양은 약 45~46억 년 전에 형성되었다고 한다. 100만 조 연한에 한 번 생명이 발생할 가능성이 있다는 것을 근거로 하여 생각한다면 불과 150억 년 어간에 생명체가 여러 번 발생하였다고 생각할 수 없으며, 결국 지구에서 한번 발생하였을 뿐이라고 믿는 것이 합리적일 것이다.

지구에 첫 단순 생명체가 발생하여 그것이 인간으로까지 진화 발전하는 데는 수십억 년이 걸렸으며 그 어간에 다양한 종의 생명체의 90% 이상은 이미 멸종되었다. 그러므로 지구상에 생명 유기체가 발생한 이후 그것이 인간에 이르기까지 진화 발전하는 것이 상상을 초월한 어려운 과정이었다는 것을 알 수 있다.

이점을 고려할 때 끝없는 물질세계에서 생명체로 태어나고, 그 가운데서도 동물로서가 아니라 인간으로 태어났다는 것은 그 무엇에도 비할 수 없는 큰 영광이며 기적적인 위대한 행운이라 볼 수 있다.

생물학적 존재인 동물에 비하여 사회적 존재인 인간의 가장 본질적인 우월성은 어디에 있을까?

그것은 인간이 자기가 체현하고 있는 생명력을 객관화하여 인간 집단이 공동으로 이용할 수 있는 사회적 생명력으로 만들고 사회적 생명력에 의거하여 사회적으로 협조 협력해 간다는 데 있다.

인간은 무엇보다도 먼저 머릿속에서 주관적으로 작용하던 정신적 힘을 인간 자신이 체현하고 있는 물질적 힘과 결부시켜 객관적으로 작용케 함으로써 개인의 주관적 테두리에서 벗어나 사회 공동의 정신으로 작용할 수 있게 되었다.

즉, 개인의 머릿속에서만 작용하던 정신(의식)이 객관화되어 사회적 의식으로 전환됨으로써 인간 생명력의 주동성과 능동성을 대표하는 정신적 생명력이 비약적으로 발전하게 되었다.

객관적, 사회적으로 작용하게 된 정신적 힘은 인간 밖에서 작용하는 물질적 힘과 결부되어 자연의 힘을 인간의 정신적 힘의 요구대로 작용하게 하는 인간 자신의 창조적인 물질적 힘으로 전환시킬 수 있게 되었다. 이리하여 객관적으로 작용하는 사회적, 정신적 힘을 자연계에서 맹목적으로 작용하는 무진장한 물질적 힘과 결부시켜 인간의 창조적인 물질적 힘을 끝없이 증대시킬 수 있게 되었다. 다른 한편으로 인간은 끝없이 증대되는 자기의 창조적인 물질적 힘에 의

거하여 자기의 정신적 힘을 끝없이 증대시킬 수 있는 가능성을 가지
게 되었으며, 또한 증대되는 물질적 힘과 정신적 힘을 결합시켜 사
회적 협조력을 끝없이 발전시킬 수 있게 되었다.

인간의 생명력을 객관화하고 사회화한 것은 인간이 동물의 생명
력과는 질적으로 구별되는 위대한 생명력을 지닌 사회적 존재로 전
환될 수 있는 최대의 비결이라고 볼 수 있다.

생명력은 객관화되지 않고서는 사회화될 수 없다. 인간의 머릿속
에서만 작용하고 있는 주관적인 생각만으로는 사회적인 공동의 정
신이 형성될 수 없다. 인간의 주관적인 정신작용이 언어를 통해 객
관화됨으로써 주관적인 개인적 정신력이 사회집단의 공동의 정신력
으로 사회화될 수 있었다.

정신적 생명력의 객관화는 정신적 힘과 물질적 힘의 결합을 의미
한다. 처음에 인간의 정신적 힘은 인간 자신이 체현하고 있는 육체
적 힘과 결부되어 객관화되었다.

정신적 힘이 객관화되어 객관적으로 작용하게 되자 인간은 객관
적으로 작용하는 정신적 힘을 이용하여 자연계에서 맹목적으로 작
용하는 물질적 힘에 대하여 주동적으로 능동적으로 작용할 수 있게
되었으며, 자연의 힘을 끌어당겨 인간의 정신적 힘의 작용과 결부되
어 정신적 힘이 이끄는 대로 작용하는 인간 자신의 창조적 힘으로
전환시킬 수 있게 되었다.

인간의 생명력이 객관화되고 사회화됨으로써 인간의 생명력은 개별적인 사람들의 사멸과 출생에 좌우됨이 없이 사회적으로 대를 이어 계승 발전할 수 있었고, 그리하여 막강한 정신적인 힘과 창조적인 힘, 그리고 사회적 협조의 힘을 끝없이 강화 발전시킬 수 있게 되었다.

그 결과 인간은 비록 자연이 진화하는 과정에서 발생한 자연의 산물이지만 자연의 힘을 자기 힘으로 전환시키는 주동적이고 능동적인 방법으로 자기 운명을 자체의 힘으로 개척해 나가는 자유롭고 자주적 존재로 질적인 비약을 이룩하게 되었다. 이야말로 천지개벽 이래 발생한 최대의 역사적 변혁이다.

이때부터 맹목적인 힘이 지배하여 무의미하고 단순한 운동을 진행하여 온 물질세계는 자주적으로, 창조적으로, 목적의식적으로 발전하는 인간을 따라 변화 발전하는 새로운 역사적 시대로 들어서게 되었다.

유사 이래 인간 사회는 많은 우여곡절을 겪으면서 서서히 발전하여 왔다. 인간이 자기의 정신력을 과학적 인식의 수준으로 발전시켜 자연을 과학기술 수단에 의거하여 개조하기 시작한 것은 산업혁명 시기를 출발점으로 본다 해도 300년 정도밖에 되지 않는다. 그러나 그간 인간의 위력은 놀랄 만큼 발전하였다.

개인의 힘은 보잘것없고 짧은 인생으로 끝나지만 인류의 대집단

은 세계의 주인으로서 영원히 생존하고 발전할 수 있는 위대한 존재
이다. 우리는 이 위대한 대가족의 일원으로서 태어나 한없는 영광과
자부심과 함께 우리에게 귀중한 생명을 안겨준 인류와 우주의 은덕
에 보답할 책임감을 확고히 간직해야 할 것이다.

　현 단계에서 인간 존재는 세 가지 측면을 포괄하고 있으며 인간
존재의 이 특성에 맞게 인간의 생명을 실현해 나가는 삶의 목적과
방법은 각각 자기의 특색을 갖게 된다.
　인간은 첫째로 자연적 존재, 생물학적 존재의 특성을, 둘째로 개
인적 존재의 특성을, 셋째로 집단적 존재의 특성을 갖고 있다.
　따라서 우리는 삶의 목적과 방법에 관한 인생관을 자연적 존재의
특성에 따른 인생관, 개인적 존재의 특성에 따른 인생관, 집단적 존
재의 특성에 따른 인생관으로 구분하여 각각의 특색을 살펴볼 수 있
겠지만, 결국은 그것들을 종합하여 자주적, 창조적 존재로서의 인간
을 중심으로 한 인간중심의 인생관을 발전시켜 나가야 할 것이다.

2. 자연적 존재와 자연주의적 인생관

인간은 자연 진화의 산물이며 타고난 육체를 가진 생물학적 존재이다.

인간은 동물과 마찬가지로 자기 보존의 본능적 욕망과 종 보존의 본능적 욕망을 가지고 있다. 아무리 비범한 위인도 먹지 않고 자지 않고서는 살 수 없다. 육체적 욕망은 육체 자체의 생존을 보장하려는 생명체의 본성적 요구이다.

인간의 육체는 육체적 생명력뿐 아니라 사회적 존재에 고유한 사회적 생명력을 체현하고 있다. 사회화된 정신적 생명력인 사회적 의식과 이와 결부되어 창조적으로 작용하는 사회화된 물질적 생명력, 사회적 관계와 결부하여 작용하는 사회적 협조력은 다 인간이 육체와 함께 타고난 것이 아니라 사회생활 과정에서 인간이 획득한 사회적 생명력이다. 인간의 육체는 이러한 사회적 생명력의 일부를 종합적으로 체현하고 있다.

사회적 생명력 가운데서 가장 주동성과 능동성이 강한 고급한 생명력은 사회화된 인간의 정신적 생명력이다. 그것은 다름 아닌 사회적 의식이다. 인간이 사회적 의식을 가지게 됨으로써 타고난 삶의 요구와 이와 본능적으로 결부되어 작용하는 삶의 힘은 사회적 의식의 조절통제 밑에 목적의식적으로 창조적으로 작용하게 된다. 결국 사회적 존재로서의 인간의 생존 활동은 타고난 본능에 의해서가 아니라 사회적 생명력인 사회적 의식의 조절통제 밑에서 진행되게 된다.

인간의 육체는 타고난 자연적 존재이지만 육체가 체현하고 있는 생물학적 생명력이 사회적 생명력의 조절통제 밑에서 작용한다는 점에서 인간의 육체도 사회적 존재에 속한다고 말할 수 있다.

그러나 육체적 생명력이 사회적 의식의 조절통제 밑에서 작용한다는 것은 사회적 의식이 육체적 생명력을 완전히 지배한다는 것을 의미하지 않는다. 사회적 의식은 육체적 생명력이 변화되는 환경과 조건에 맞게 보다 더 합리적으로 작용하며, 보다 더 고급한 생명 활동인 사회적 생명 활동의 요구에 맞게 작용하도록 조절, 통제할 수 있을 뿐이다.

육체적 존재가 보존되지 않으면 육체적 생명력이 소멸될 뿐 아니라 육체에 체현되어 있는 사회적 생명력도 소멸된다. 그러므로 육체를 보존함에 있어서 삶의 요구는 인간의 삶의 요구에서 기초적으로 중요한 삶의 요구로 된다.

육체적 욕망은 육체적 존재를 보존하려는 생명 유기체의 본질적 속성이다. 육체적 욕망을 충족시키는 목적은 결국 육체를 무병장수하도록 보존하는 데 있다고 볼 수 있다. 사회적 존재로서의 인간은 자기의 육체를 건전하게 보존하려는 욕망뿐 아니라 자연과 사회의 주인으로서 자주적으로 창조적으로 살려는 사회적 욕망을 가지고 있다. 인간의 육체적 욕망과 사회적 욕망이 언제나 일치되는 것은 아니며 양자 간에는 갈등이 일어날 수 있다.

생물학적 존재인 동물의 경우에는 육체를 보존하는 것이 생명 활동의 기본 목표이며 육체적 욕망을 충족시키는 것이 생활의 전부라고 해도 과언이 아니다.

인간도 동물 상태에 가까웠던 옛날로 올라갈수록 먹고사는 것이 생활의 거의 전부였다. 그 당시 사람들은 먹기 위해서 산다고 하든, 살기 위해서 먹는다고 하든 그 차이에 별 관심이 없었을 것이다. 그러나 오늘날에 와서는 사람은 먹기 위해서 사는 것이 아니라 세계의 주인, 자기 운명의 주인으로서 자주적으로 창조적으로 살기 위해서 먹는다고 이해하는 것이 어렵지 않게 되었다.

아직 인류는 먹고사는 문제를 충분히 해결하지 못하고 있기 때문에 육체적 욕망을 충족시키는 것이 인간 생활에서 큰 비중을 차지하고 있으며, 풍부한 물질생활을 누리는 것을 인간 생활의 목적으로 간주하는 사람들이 적지 않다.

이와 관련하여 인간의 육체가 생물학적 존재의 속성을 체현하도록 진화해온 역사적 산물인 관계로 사회적 존재의 속성을 체현하는 데는 부족한 점이 있다는 것을 고려할 필요가 있다. 인간의 육체는 육체적 생명력을 보존하는 데 이바지하는 욕망 충족에는 민감하게 반응하지만, 사회적 생명력을 강화하는 데 이바지하는 욕망 충족에는 응당한 반응을 하지 못한다.

원래 생명 유기체는 육체적 생명력을 강화하는 데 이바지하는 욕망의 충족에 대해서는 쾌감으로 반응하며, 반대의 경우에는 불쾌감으로 반응한다. 정신적 생명력의 강화는 육체적 생명력 강화 못지않게 인간의 생명력 강화에서 중요한 만큼, 정신적 생명력을 강화하는 데 이바지하는 욕망 충족도 육체적 생명력 강화에 이바지하는 욕망 충족 못지않게 쾌감을 주어야 마땅하다. 그러나 맛있는 음식을 먹을 때는 큰 쾌감을 주어도 인간의 지식을 증대시키기 위한 학습을 할 때에는 응당한 쾌감을 주지 못한다.

인간이 육체를 건전하게 관리하는 일, 즉 무병장수하게 육체를 관리하는 범위를 넘지 않도록 육체적 욕망을 충족시키는 생활을 제한하고, 정신적 생명력과 사회적 협조력을 강화 발전시키는 방향에서 삶의 욕망 충족을 목적의식적으로 조절하는 것이 중요하다.

만일 육체적 욕망을 충족시키는 것이 쾌감을 준다고 하여 육체적 욕망 충족 자체를 인생의 목적으로 삼고 전적으로 육체적 쾌락을 추구하는 데만 몰두한다면, 그 생활은 동물의 생활과 차이가 없게 될 것이다.

그렇다고 해서 육체적 욕망을 충족시키는 것이 나쁜 것처럼 생각하면서 금욕주의를 주장하는 것은 옳지 않다. 육체가 건전하게 보존되지 않고서는 육체적 생명력뿐 아니라 사회적 생명력도 보존될 수 없다. 육체를 건전하게 보존하는 데 필요한 욕망은 반드시 충족시켜야 하며 육체적 욕망을 충분히 충족시키는 데서 행복을 찾는 사람들을 무조건 나쁜 것처럼 평가하는 것은 옳지 않다.

고된 육체적 노동이 생활의 기본 내용으로 되어있는 사람들이 육체적 욕망의 충족을 행복의 내용으로 생각하는 것은 당연하다고 볼 수 있다. 따라서 육체를 건전하게 보존하고 발전시키기 위한 삶의 요구를 충족시키는 쾌감도 계속, 보다 더 높은 수준으로 발전하게 될 것이다. 그러므로 사회가 발전할수록 육체적 욕망이 약화되는 것처럼 생각하는 것은 잘못이다.

그러나 인간이 육체를 건전하게 보존하기 위한 욕망을 충족시키는 것은 중요하지만, 필요 이상으로 사치한 생활 태도와 과도한 육체적 욕망을 충족시키는 생활은 무의미하다. 따라서 육체를 건강하게 유지하기 위한 의학 연구사업은 인류 발전을 위해 매우 중요한 의의를 갖는다.

현재 인간의 육체는 자연의 진화 발전의 산물로써 생물학적 존재 상태에 머무르고 있는 만큼 육체적 욕망을 충족시키는 데만 몰두해서는 세계의 주인, 자기 운명의 주인으로서 끝없이 발전하려는 인류의 근본 목적 실현에 이바지할 수 없다. 또한 세계에서 차지하는 인간의 자주적 지위와 창조적 역할이 높아지는 데 상응하여 한없이 발전하는 인간의 높은 생활수준에 상응하여 참다운 기쁨과 행복도 체험할 수가 없다.

따라서 앞으로도 행복한 사회를 건설하는 데서 풍요로운 물질생활(육체적 욕망을 충족시키는 생활)을 보장하는 문제에 중요한 관심을 돌리면서 사람들이 물질생활에만 몰두하지 않고 정신문화 생활과 사회정치 생활을 통하여 인간의 사회적 생명력을 더욱더 강화 발전시키고, 보다 더 고급한 생활의 기쁨과 행복을 누릴 수 있도록 목적의식적으로 이끌어가는 것이 중요하다.

3. 개인적 존재와 개인주의적 인생관

사회적 존재로서 인간은 개인적 존재 측면과 집단적 존재 측면의 양면을 가지고 있다. 인간은 개인적으로 생존할 뿐 아니라 서로 결합되어 집단을 이루고 서로 협조하며 집단적으로 생존한다.

인간은 개인적으로 생존하는 동시에 집단적으로 생존하기 때문에 양자는 밀접하게 결부되어 있지만, 그 본질적 특징을 상대적으로 구분해 볼 수 있다.

모든 사람은 다 각각 특색 있는 개인의 생명을 지니고 그것을 실현하기 위한 개인적인 생존 활동을 한다. 세상에는 똑같은 사람은 하나도 없으며 욕망과 이해관계가 완전히 일치되는 사람도 없다. 사람은 사람으로서의 공통성을 가지고 있는 동시에 개별적인 사람마다 자기의 고유한 특색을 가지고 있다.

모든 사람들이 각각 특색 있는 자기의 생명을 가지고 자기 개인의 생존과 발전을 실현하기 위하여 생존 활동을 하고 있다는 사실에 기초하여 인간을 개인적 존재로 보고 개인의 생존과 발전을 보장하는 것이 인간의 삶의 목적이라고 인정하는 것이 개인주의적 인생관이다.

그러면 개인주의자들은 인간 집단이 존재한다는 사실을 부정하는 것일까?

그런 것은 아니다. 개인주의자들은 인간이 집단을 이루고 서로 협력하며 산다는 것을 인정한다. 그러나 그것은 어디까지나 개인의 생존을 보장하기 위하여 필요한 것이지, 집단이라는 생명체는 존재하지 않는다고 주장한다.

개인은 고립적으로는 살 수 없으며 서로 결합되어 집단으로 협조 협력함으로써만 살 수 있기 때문에 인간은 집단을 이루고 산다고 그들은 생각한다.

즉, 인간의 삶의 목적은 개인의 생명을 보존하는 것이며 집단은 그것을 실현하기 위한 필수적 수단이라고 인정하는 것이다. 이런 점에서 개인주의자들도 개인의 생명 다음으로는 집단의 귀중성을 인정한다. 그러나 집단의 귀중성은 어디까지나 개인의 생존을 보장하기 위한 필수적 수단과 조건으로서의 귀중성이다.

개인주의자들은 개인의 이익을 귀중히 여길 뿐 아니라 집단의 이익도 개인의 공동의 이익으로서 귀중히 여긴다. 이 점에서 개인주의와 이기주의는 다 같이 개인적 존재를 바탕으로 하는 공통성을 가지고 있지만 같은 사상이라고 볼 수는 없다. 집단주의적 사고에 물든 사람들은 개인주의를 이기주의라고 비방하고 있지만 이는 커다란 오해다. 개인주의와 이기주의는 전혀 다르다.

개인주의는 개인의 이익만을 옹호하는 것이 아니라 인간을 개인적 존재로 보고 모든 개인의 이익을 공평하게 옹호하는 사상이다. 이와는 달리 이기주의는 문자 그대로 자기 개인의 이익밖에 모르고 다른 사람들의 이익을 희생시키는 것을 서슴없이 감행하는 자기 본위의 개인주의이다.

이기주의는 반사회적 사상으로서 개인주의적 민주주의를 표방하는 사회에서나 집단주의를 표방하는 사회에서나 다 같이 배척당하고 있는 비인간적인 사상이라고 볼 수 있다.

세상에 이기주의자를 좋아하는 사람은 어디에도 없다. 이기주의자는 자기만을 사랑하는 것처럼 생각되지만 모든 사람들로부터 배척당하고 고립당하여 자기 신세를 망치게 함으로써 결과적으로는 자기를 가장 사랑하지 않는 졸렬한 생활 태도를 가진 사람이라고 볼 수 있다.

그렇다면 개인만이 생명을 갖고, 집단은 생명을 가질 수 없다는 개인주의자들의 주장은 옳은 것일까? 그렇지 않다. 바로 여기에 개인주의자들의 생각에 근본적인 오류가 있다.

첫째, 인간은 처음에 개인적으로 존재하다가 고립적으로 살기 어렵기 때문에 결합되어 집단을 이룬 것이 아니라, 처음부터 개인적 존재인 동시에 집단적 존재로 출발하였다.

원래 고립된 개인으로서는 태어날 수도 없다. 따라서 인간 집단이 먼저 있었는가, 개인이 먼저 있었는가를 구분하려고 하는 것은 무의미하다. 왜냐하면 개인과 집단은 동시에 존재하였기 때문이다.

세상 만물은 다 개별적인 것과 집단적인 것이 통일되어 존재한다는 공통성을 갖는다. 인간의 선조들이 동물 상태에 있을 때도 집단으로서의 생명체와 집단구성원으로서의 개별적인 생명체가 동시에 존재하였다.

개인주의 사상가들은 개인이 자기들의 생존과 발전을 더 잘 보장하기 위해 집단을 이루도록 계약을 체결하게 되었다는 사회계약설[18]을 주장하였다. 이들은 집단을 떠난 개인은 존재할 수도 없고 세상에 태어날 수도 없다는 단순한 진리를 망각하고 있다. 사회계약 사상이 나오기 훨씬 전부터 남녀가 결합되어 가족을 이루고 크고 작은 사회적 집단이 출현하여 국가가 형성된 사실을 망각한 것이다.

둘째, 개인이 결합되어 이룩한 사회적 집단은 개인이 지니고 있는 생명과는 질적으로 구별되는 고귀한 생명이라는 것이다.

개별적인 사람들을 많이 모아놓은 것이 사회적 집단은 아니다. 아무리 많은 사람들을 한 장소에 모아놓아도 개인의 생명과 구별되는

---

18) '사회계약설'은 국가가 어떻게 형성되었는지를 규명한 학설이다. 간단히 말하면 국가는 사회구성원들의 자유스런 합의를 통하여, 즉 계약으로 국가를 형성하는데 합의하고, 이를 통해 국가가 창설되었다는 주장이다. 사회계약은 통치자와 피치자의 자유스러운 합의에 의하기 때문에 통치자와 피치자의 상호권리와 의무를 인정하고 있다. 사회계약설의 핵심 사상가들은 토마스 홉스, 존 로크, 장 자크 루소가 있다.

집단의 생명은 나오지 않는다. 사람들이 결합되어 집단적으로 운명을 개척해 나가는 집단적 생존 활동을 진행하게 되었을 때 비로소 사회적 집단이 자기의 생명을 지니게 되는 것이다.

이것은 마치 각이한 물질을 그저 모아놓아서는 새로운 물질이 나오지 않지만, 물질적 요소들이 일정한 구조를 가지고 결합되어 상호작용을 할 때는 그 결합 요소들의 성질과 질적으로 다른 물질이 발생하는 것이나 마찬가지 이치이다. 수소와 산소를 일정한 구조로 결합시키면 물이라는 새로운 물질이 나오게 되는데, 물질의 성질은 수소와 산소에는 없는 새로운 성질이다.

고립된 개인으로서는 후대를 생산할 능력을 가지지 못한다. 즉 남성과 여성이 결합되어 가족 집단을 이루게 되면, 후대를 생산하고 키워나가는 새로운 생명력을 가지게 된다.

개인의 생명은 개인의 일생으로 끝나지만, 집단의 생명은 대를 이어 계속 존속된다. 이 점에서 개인의 생명은 유한하지만, 집단의 생명은 무한하다고 볼 수 있다.

원래 인간의 생명은 대를 이어 연속적으로 변화 발전해가는 연속적인 존재이지만, 개별적인 사람들을 단위로 볼 때에는 생명은 한 세대로 끊어지는 불연속적인 존재이다. 개인은 인간 생명의 불연속적 측면만을 대표할 수 있을 뿐 연속적인 면은 대표하지 못한다. 그것은 인간 집단만이 대표할 수 있다.

셋째, 개인의 생명과 사회집단의 생명은 생명의 기본 특징인 삶의 요구와 그것을 실현하는 삶의 힘에서 근본적인 차이를 가지고 있다.

여기서 집단이라는 말은 인류 집단을 염두에 두고 한 말이다. 앞으로 인류가 하나의 집단으로 통일되어 생명체의 대가족을 이루게 되는 것은 인간의 사회화 과정의 필연적 결과라고 볼 수 있다.

개인의 생명은 자기 일생으로 끝나기 때문에 개인은 자기 일생을 안락하게 살려는 삶의 욕망을 가질 뿐이다. 그러나 사회적 집단은 대를 이어 영원히 살며 발전할 것을 요구하며 또 그들의 운명은 세계와의 관계에서 규정되기 때문에 세계의 주인, 자기 운명의 주인으로서의 삶의 요구를 가지게 된다.

삶의 능력에서도 양자 간에는 차이가 있다. 비행기와 같은 고도의 기술 수단은 개인적인 노동을 아무리 많이 투입한다 해도 만들 수 없다. 그것은 오직 각이한 재능과 기술을 가진 사람들로 이루어진 사회적 집단의 협력을 통해서만 만들 수 있다. 다양한 사람들의 창조적 능력을 결합시키면 고립적 개인의 양적 증대로는 해결할 수 없는 질적으로 새로운 위대한 창조적 힘을 낳게 된다.

개인적 존재의 측면에서는 각각 자기 특성이 다르다. 개인의 생명은 각각 다른 자기 특성을 살릴 것을 요구한다. 이 점에서 개인과 개인의 관계는 서로 자기 특색을 우선적으로 살리려는 경쟁관계, 대립관계에 있다고 볼 수 있다. 개인이 자기 특색을 살리지 못하면 개인으로서의 자격을 가질 수 없다. 그러나 집단은 다양한 개인들의 특색을 결합시킬 것을 요구한다. 다양한 특색을 결합시켜야 개인의 생명과 구별되는 집단의 위대한 생명력이 나올 수 있기 때문이다.

개인의 대립성과 집단의 통일성이 결합되어 인류는 세계의 주인, 자기 운명의 주인으로서 끝없이 발전할 수 있다.

인간은 처음부터 자기가 세계에서 어떤 지위를 차지하고 자기 운명을 개척함에 있어서 어떤 역할을 할 수 있는 존재인가에 대하여 자각하고 있는 것이 아니다. 인류가 혈연적인 소집단을 단위로 하여 공동생활을 하고 있던 원시사회에서는 인간이 개인적 존재인가, 집단적 존재인가 하는 문제가 제기될 수 없었다.

인간의 생존능력이 높아지고 개인들의 자립적인 활동 범위가 확대됨에 따라 사람들 속에서 생존경쟁이 벌어지게 되었으며 마침내 계급적 불평등의 사회체계가 출현하게 되었다. 예속과 불평등의 출현과 함께 그것을 반대하는 자유와 평등에 대한 요구가 발생하였으며, 자유와 평등을 위한 힘겨운 투쟁을 거쳐 드디어 인간이 자기 운명의 주인이라는 자각에 도달하게 되었다.

이러한 자각에 기초하여 일어난 역사적 변혁이 바로 반봉건민주주의 혁명이다.

반봉건민주주의 혁명을 계기로 사람들은 인간이 자기 운명의 주인으로서의 자유와 평등을 누릴 권리를 갖는다는 것을 선포하게 되었으며, 이후 민주주의의 새로운 역사적 시대가 열리게 되었다.

민주주의 사회 발전 초기에 사람들은 인류 집단의 미래에 대해서보다는 개인의 생존과 발전을 담보하는 자유와 평등에 대해 더 절실한 이해관계를 가지고 있었다. 그러므로 그 당시 사람들이 인간의 운명에 대하여 말할 때는 으레 개인의 운명을 염두에 두었으며 인간을 개인적 존재로서만 이해하였다.

그러나 일찍이 사람들은 생활을 통해 인간은 서로 결합하여 협력하지 않고서는 살 수 없으며, 또 여기에 인간은 동물에 비하여 우월성이 있다는 데 대해 알고 있었다. 그러므로 개인주의와 집단주의의 개념이 명백히 구분되기 이전에도 개인적 존재로서의 인간의 특성과 집단적 존재로서의 인간의 특성에 대하여 논의하였던 것이다.

동양에서는 옛날부터 인간은 다른 사람을 동정하는 착한 성질을 가지고 있다는 성선설(性善說)과 인간은 자기 개인의 이익만을 추구하는 악한 본성을 가지고 있다는 성악설(性惡說)이 대립되어 있었다.

성선설을 주장한 사람들이 집단주의자이고, 성악설을 주장한 사람들이 개인주의라고 볼 수는 없지만 성선설이나 성악설이 각각 인간 존재의 한 측면을 보고 있다는 것은 명백하다.

인간을 운명을 같이하는 집단적 존재로 보는 경우에는 서로 동정하고 사랑하는 것을 인간의 본성으로 이해하게 되며, 인간을 개인적 존재로 보는 경우에는 개인과 개인이 다 생존의 경쟁 대상으로 인정되어 자기 개인의 이익을 수호하는 것이 인간의 본성인 것처럼 이해될 수 있다.

그러나 현실적으로는 인간이 개인적 존재인 동시에 집단적 존재이기 때문에 인간의 본성도 동시에 두 면을 볼 수 있다. 이런 점에서는 서로 동정하고 사랑하는 것도 인간의 본성이고, 먼저 자기 개인의 요구와 이익부터 실현하려고 개인 중심으로 생각하는 것도 인간의 본성이라고 말할 수 있다.

즉, 인간의 본성이 하나만 있는 것이 아니라 개인적 존재로서의 본성과 집단적 존재로서의 본성이라는 두 개의 본성이 있다고 보아야 한다. 적절한 예는 아니겠으나 일본 사람들은 두 가지 얼굴(본성)을 가지고 산다는 말이 있다. 그것은 혼내(本音, 속사람)와 타태마애(建前, 겉사람)이다. [19)

개인주의자도 집단의 귀중성을 인정하고 집단주의자도 개인의 귀중성을 인정하지만, 무엇을 위주로 생각하는가 하는 데서 차이가 있다.

개인주의는 인간 존재의 본질을 개인적 존재로 보는 관점으로부

---

19)　원래 일본인들은 밝고 명랑하고 솔직한 사람들이었다고 한다. 3백여 년 전 도요토미 히데요시와 도쿠가와 이에야스가 일본을 통치하기 전까지에는 그랬다고 한다. 그들이 기독교인들을 색출하기 위해 소위 5인조를 만들어 만일 그 가운데 한 사람이라도 기독교인이 발각되면 그 다섯 사람을 모조리 죽이는 악독한 법을 시행할 때부터 일본인들이 본성을 잃어버리고 이중적인 성격을 띠는 사람으로 변질되었다고 한다. 애석한 일이 아닐 수 없다.

터 개인의 생존과 발전을 보장하는 것을 인생의 기본 목적으로 보고, 집단은 개인의 생존과 발전을 보장하기 위한 필수적 수단으로써만 그 귀중성을 인정하게 된다.

이와는 달리 집단주의는 인간 존재의 본질적 특징을 집단적 존재로 보고 집단의 생존과 발전을 보장하는 것을 인생의 기본 목적으로 보며, 개인은 집단의 생존과 발전을 보장하는 데 이바지하는 것으로서만 귀중성을 가진다고 본다.

집단주의적 입장에서는 개인의 생명은 일생(一生)으로 끝나기 때문에 그것이 집단의 생존과 발전에 이바지하지 않는 경우에는 무의미한 것으로 되어 가치를 가질 수 없다는 것이다.

개인주의와 집단주의는 다 같이 인간 존재의 중요한 측면과 결부되어 있기 때문에 부정할 수 없는 중요한 진리를 가지고 있지만, 동시에 양자가 다 같이 인간 존재의 한 측면만을 중시하고 있다는 점에서 일면적인 제한성을 면할 수 없다.

자본주의 사회는 개인주의적 민주주의 사회인만큼 개인주의적 인생관이 널리 보급되어 있다.

개인주의적 인생관은 개인의 생명력을 강화하고 개인의 생존과 발전을 보장하는 것을 인생의 목적으로 인정한다는 점에서 본질적인 장점을 가지고 있다. 개인은 개인의 생명의 주인인 만큼 무엇보다도 먼저 개인의 생존과 발전을 원만히 실현하기 위하여 최선을 다해야 하며 자기 운명에 대하여 책임지는 입장이어야 한다.

사람이 자기 자신을 위해서가 아니라 남을 위해 살아야 한다는 것을 주장하는 이타주의(利他主義) 사상은 자기 이익을 위해서만 살아야 한다는 이기주의 사상 못지않게 잘못된 사상이다.

개인은 개인적 존재로서 최선을 다해 잘 살 권리를 가지고 있으며 의무가 있다. 자기 삶에 대하여 무관심하고 잘 살기 위해 노력하지 않는 것은 자기 생명을 귀중히 여기기 않고 인간으로서의 초보적인 권리를 포기한 비인간적인 무책임한 태도이다. 자기 개인의 생명을 귀중히 여기지 않는 사람은 집단의 생명을 귀중히 여길 수 없으며, 자기 운명에 대해 책임질 줄 모르는 사람도 집단의 운명에 대해 책임질 수 없다는 것은 명백하다.

애국자가 국가를 위하여 자기의 목숨을 바치는 것은 자기의 목숨을 귀중히 여기지 않아서가 아니라 국가와 국민의 생명을 개인의 생명보다 더 귀중히 여기기 때문이다.

자기 생명의 주인으로서 잘 산다는 것은 자기 마음대로 산다는 것을 의미하지는 않는다. 이 점에서 자유방임주의자들의 인생관은 개인주의적 인생관과 인연이 없다. 자유방임주의자들은 자기 삶의 욕망을 자유롭게 충족시키는 것을 생활신조로 삼고 있다.

개인의 건전한 생존과 발전에 이바지하지 않고 개인의 생명을 약화시키고 사회에서 차지하는 개인의 자주적 지위와 창조적 역할을 약화시키는 자유방임주의적 생활은 인간으로서의 책임을 망각한 타락한 생활태도이다.

개인이 자기의 생명력을 끊임없이 강화하고 사회에서 차지하는 자주적 지위와 창조적 역할을 높이는 방향에서 개인의 생존과 발전을 실현해 나가는 것은 인류 집단에 대한 첫 번째 의무이며 인간으로서 갖추어야 할 가장 중요한 도덕적 책무라고 볼 수 있다.

모든 개인이 자기의 생명력을 강화하는 방향에서 생존과 발전을 실현해 나가면 개인의 생명력을 결합시킨 집단 생명력의 위력이 더욱 강화되리라는 것은 의심할 바 없다.

개인의 생존과 발전을 보장하도록 생활하는 데서 중요한 것은 육체적 생명력을 강화하는 것과 정신적 생명력을 강화 발전시키는 두 가지 측면을 갖는다. 개인의 육체는 육체 자체가 가지고 있는 육체적 생명력과 사회적 존재의 고유한 사회적 생명력을 다 같이 체현하고 있다.

인간이 육체적 생명력을 강화하기 위한 노력은 곧 한계에 달하게 된다. 그러나 정신적 생명력을 강화하기 위한 생활에서는 이러한 제한이 없다. 인간은 자기의 정신 문화적 자질을 높이기 위해 노력한 것만큼 그 수준을 높일 수 있다.

그렇기 때문에 육체적 생명력 발전 수준에서는 개인별 차이가 크지 않지만, 정신적 생명력 발전 수준에서는 노력하는 사람과 그렇지 않은 사람 사이에 큰 차이가 있다.

결국 개인의 생명력을 강화하기 위한 가장 효과적인 생활은 개인의 정신 문화적 자질을 높이기 위한 생활이라고 볼 수 있다. 그러므로 앞으로 물질생활 수준이 높아지게 되어 육체적 욕망을 충족시키는 문제가 전반적으로 해결되면 개인 생활의 중심이 자기의 정신적 생명력을 높이기 위한 정신문화 생활로 넘어가게 될 것이다.

오늘날에도 정신문화 분야에 종사하는 사람들은 물질생활 향상에 대한 관심보다는 자기의 정신적 생명력 강화에서 더 큰 기쁨과 행복을 찾고 있다.

물질적으로 잘 먹고 안락하게 산 흔적은 남지 않지만 과학 연구사업과 문화예술 창작 사업에서 큰 업적을 남긴 사람들의 생애는 훌륭한 삶의 모범으로써 사람들 속에 오랜 기간 칭송되고 있다. 예로부터 "인생은 짧고 예술은 길다"라는 격언까지 나오게 되었다.

개인의 생명력에는 한계가 있다. 개인의 한 생은 길지 않다는 제한성이 있을 뿐만 아니라 개인은 각각 자기의 특색을 갖고 대립되어 있다. 결국 개인은 인간의 생명력 가운데서 어느 한 부분에서 비범한 업적을 이룩할 수 있지만 그것도 인류 집단 전체의 생명력 발전에서 차지하는 비중은 보잘것없이 작은 것이며, 또 일시적인 것에 지나지 않는다. 아무리 위대한 학자들의 풍부한 지식도 인류 전체의 지식에 비한다면 극히 작은 부분에 지나지 않으며, 그가 새로 발견했다는 진리도 후대에 의해 계승, 발전되지 않는다면 무의미한 것이 된다.

예컨대 아인슈타인의 학설도 후대에 의해 계승, 발전되지 않으면 안 된다. 영구불멸의 개인적 업적이란 있을 수 없다. 개인의 업적은 대를 이어 끊임없이 발전하는 인류 업적의 한 부분으로서만 가치를 가질 수 있다.

위대한 진리를 탐구하기 위한 위대한 동기는 유한한 생명을 지닌 개인을 위한 것이 아니라 영원한 생명을 지닌 인류의 운명을 개척하는데 이바지하려는 초개인적인 숭고한 목적이 아니겠는가. 즉 인류 집단에 대한 사랑이 아니겠는가 하는 생각이 든다.

4. 집단적 존재와 집단주의적 인생관

집단주의적 인생관은 인간 존재의 본질적 특징을 영생하는 집단적 존재로 보고 인류 집단의 영원한 존재, 발전의 길을 개척하는 데 이바지하도록 사는 것을 인생의 목적으로 삼는 인생관이다.

인간의 영원한 미래가 오직 집단의 생존, 발전과 결부되어 있으며 개인의 운명이 종국에는 집단의 운명에 의해 규정된다는 점에서 집단의 생존과 발전에 이바지하도록 사는 것을 인생의 목적으로 삼는 것은 정당하다고 볼 수 있다.

집단이 생명을 가지고 있을 뿐 아니라 개별적인 인간의 생명과는 비교할 수 없이 위대하며 귀중한 것은 사실이다. 집단의 영원한 미래와 결부되지 않은 개인의 짧은 인생이 무의미한 것도 의심할 바 없다.

그러나 인간은 개인적인 존재인 동시에 집단적 존재인 만큼 인간의 삶의 목적이 집단의 생존과 발전을 보장하는 데만 있고 개인의 생존과 발전을 보장하는 것은 목적이 아닌 것처럼 보는 것은 잘못이다. 인간의 개인적인 생존과 발전을 위한 삶은 동시에 그것이 집단의 생존과 발전을 보장하기 위한 삶이 되어야 한다.

세포를 떠난 인간의 육체는 있을 수 없지만, 세포가 곧 인간 육체가 아닌 것처럼 개인을 떠난 집단은 있을 수 없지만 개인이 곧 집단은 아니다.

개인은 개인적 존재로서 생명을 가지고 자기를 보존하기 위한 생존 활동을 하며, 집단은 집단적 존재로서 생명을 가지고 자기 보존을 위한 생존 활동을 한다. 집단은 개인적 생명이 결합된 집단적 생명체이다.

집단의 삶의 요구는 집단을 구성하고 있는 어느 개인의 삶의 요구가 아니라 집단 자체의 생존과 발전을 실현하려는 집단의 자기 보존 요구이다. 집단의 삶의 요구가 실현될 때 집단 성원들이 느끼는 기쁨은 집단의 생존과 발전의 실현을 내용으로 하는 것이지 어느 개인의 삶의 요구 실현을 내용으로 하는 것이 아니다.

집단의 생존과 발전을 실현하기 위한 창조적 활동에는 개인들이 참가한다. 이때 개인은 개인적 존재로서 분산된 상태에서 참가하는 것이 아니라 결합된 집단적 존재로서 집단의 요구에 따라 서로 협조하게 된다. 집단의 거대한 삶의 요구를 실현하는 위력은 분산된 개인의 생명력이 아니라 결합된 집단의 생명력의 위력인 것이다.

인간은 개인적 존재인 동시에 집단적 존재인 만큼 종국적으로 보면 개인의 운명과 집단의 운명, 개인의 이익과 집단의 이익은 일치

된다고 볼 수 있다. 개인이 없이는 집단이 존재할 수 없고, 집단이 없이는 개인이 존재할 수 없으며, 집단의 생명이 강화되면 집단의 구성원인 개인의 생명도 강화되고, 반대로 개인의 생명이 강화되면 그들의 결합체인 집단의 생명도 강화될 수 있다. 그러나 개인의 이해관계는 모두 서로 다른 면을 가지고 있는 만큼 그것을 하나의 집단의 이해관계로 통일시키는 것은 어려운 일이다.

개인의 이익과 집단의 이익이 일치되지 않는 경우에는 어느 편을 위주로 삼는 것이 옳은가 하는 문제가 제기된다. 인간의 운명은 집단과 세계와의 관계에서 규정되는 만큼 집단의 이익을 위주로 삼는 것이 옳다.

개별적인 이익보다 집단의 이익이 더 중요하다는 것은 더 말할 필요도 없고 사회를 구성하고 있는 전체 개인들의 요구를 합친 이익보다도 집단의 이익이 더 중요하다.

사람은 개인 생명의 주인인 동시에 집단 생명의 공동 주인이다. 개인은 집단 생명의 공동 주인인 입장에서 개인의 이익이 집단의 이익에 복종하도록 노력해야 한다. 이것을 거부하는 개인주의자는 자기가 집단적 존재라는 것을 부정하고 고립된 개인으로 살 것을 요구하는 이기주의자가 될 수밖에 없다.

옳지 않은 집단주의는 바로 모든 개인이 집단의 운명의 공동 주인이라는 것을 부정하고 집단의 운명에 대한 개인의 평등한 권리와 의무를 부정하며 개인의 독자적인 생활을 부정하는 것이다. 이것은 참다운 집단주의가 아니라 집단이기주의를 의미한다.

집단이기주의의 전형은 마르크스주의자들이 주장하는 계급투쟁과 무산계급 독재론에서 찾아볼 수 있다. 원래 계급주의는 참다운 집단주의가 아니며 본질상 계급적 집단이기주의라고 볼 수 있다.

그러나 계급주의자들이 집단주의의 탈을 쓰고 집단의 이익의 귀중성을 내걸고 개인주의를 비방하는 만큼 국민들이 올바른 인생관을 가지기 위해서는 계급주의자들의 집단주의의 정체가 무엇인가에 대하여 올바른 인식을 가지는 것이 필요하다.

계급주의자들은 무산계급(노동 계급)이 가장 진보적인 계급이기 때문에 무산계급의 이익을 위하여 살며 투쟁하는 것이 인간의 생의 목적이라고 주장한다. 무산계급이 가장 진보적인 계급이기 때문에 전 국민의 이익, 전 사회의 이익을 가장 이성적으로 대표할 수 있으며, 따라서 무산계급의 이익에 충실하게 사는 것이 전 국민의 이익, 전 사회적 이익에 충실하게 사는 길이라는 것이다.

무산계급이 가장 진보적인 계급이며 사회 발전을 위하여 가장 중요한 역할을 한다는 주장은 아무런 근거가 없으며, 또 진보적 역할을 하는 계급이 전체 인민의 이익을 대표하며 독재를 실시할 권리가 있다는 주장은 더욱 터무니없는 궤변이다.

사회가 생존하고 발전하기 위해서는 자연을 개조하여 인간 생활에 필요한 물질적 재부를 생산해야 하며, 인간을 보다 힘 있는 존재로 개조하고 정신적, 문화적 재부를 창조해야 하며, 사회관계를 개조하고 옳게 관리하여 인간의 사회적 협조, 협력을 강화해야 한다.

이것이 사회의 생존과 발전을 위하여 인간이 반드시 진행해야 할 3대 창조적 활동이며 이에 기초하여 정치, 경제, 문화의 3대 사회생활이 진행된다.

사회가 생존하고 발전하기 위해서는 3대 개조사업과 3대 생활이 다 같이 필요하며 어느 하나가 다른 것을 대신할 수 없다. 이런 점에서는 3대 개조사업과 3대 생활의 귀중성이 원칙적으로 동등하다고 보아야 한다. 따라서 어느 한 분야에 종사하는 사람들의 노동이 더 귀중하고 사회 발전을 위하여 더 큰 기여를 한다고 말할 수 없다.

인간이 생존하기 위해서는 크게 세 가지 힘이 필요하다. 하나는 물질적 힘이며, 다른 하나는 정신적 힘이고, 또 하나는 사회적 협조의 힘이다. 이 세 가지 생활력 가운데 어느 하나가 없어도 인간은 인간으로서의 생활력을 가질 수 없다.

유물론을 절대화하고 있는 마르크스주의자들은 물질적 힘이 가장 중요하며 정신적 힘과 사회적 협조의 힘은 다 물질적 힘으로부터 파생된 것이라고 인정한다. 이와 같은 견해는 피상적인 잘못된 견해이다.

　원래 순수한 물질적 힘은 합목적적인 운동능력을 가지지 못한 에너지 상태에 지나지 않는다. 에너지 상태의 자연적인 힘은 다만 그 힘의 양적 크기에 상응하여 인력과 척력의 상호작용을 할 수 있을 뿐이다. 물질적 힘이 합목적적으로 작용하는 것은 적어도 생명 유기체의 삶의 요구와 결부되어야만 가능하다.

　인간의 경우에 물질적 힘은 오직 정신적 힘과 결부되어서만 합목적적으로 창조적으로 작용할 수 있다. 이런 점에서 정신적 힘은 인간 생명력 가운데서 가장 주동성과 능동성이 강한 고급한 생명력이며 인간의 생명력을 주도하는 가장 중요한 생명력이라고 볼 수 있다.

　과거에는 생활수단을 생산하는 데서 근로자들의 육체적 노동이 결정적인 역할을 하였지만 오늘날 현대적 생산시설에서는 육체적 노동이 차지하는 비중이 몇 %도 되지 않고 나머지는 다 정신노동과 기술 수단에 의한 노동이 제품 생산을 담당하고 있다.

　방대한 자동화된 생산설비들은 다 자연적 물질적 힘을 정신적 힘과 결부시켜 인간의 정신이 요구하는 방향에서 창조적으로 작용하고 있는 인간화된 물질적 힘이다. 이것은 인간의 정신적인 힘인 과학 기술적 힘을 떠나서는 생각할 수 없다. 지식 노동과 기술 수단 노동의 위력은 사실상 물질적 힘에 대한 인간의 정신적 생명력의 압도적 우월성을 실증해 주고 있다.

육체노동이 모든 가치를 창조하는 것처럼 주장하는 마르크스주의자들의 소위 잉여가치설이라는 것이 터무니없는 시대착오적 궤변에 지나지 않다는 것은 명백하다. 그것은 고급한 정신적 생명력을 과소평가하고 저급한 물질적 힘을 과대평가하는 비이성적이며 물질숭배의 원시적인 사상의 표현이라고 볼 수밖에 없다. 육체노동자들의 육체노동을 과학자, 기술자들의 창조적 노동 위에 놓고 평가하는 마르크스주의자들의 유물론적 주장이야말로 인간 자신의 우월성을 부정하는 비인간적인 사고방식이라고 볼 수 있다.

마르크스주의자들은 정신노동을 과소평가할 뿐만 아니라 사회적 관리 노동의 중요성도 이해하지 못하고 있다. 인간이 동물과 대비할 수 없는 막강한 물질적 힘을 지니게 된 것은 전적으로 인간이 정신적 힘과 사회적 협조의 힘을 가지고 있기 때문이다. 사회적 협조의 힘은 사회를 구성하고 있는 개인들의 협조, 협력을 보장하는 데서 산생(産生)되는 힘, 즉 사회관리의 노동이 창출하는 힘이다.

사회를 통일적으로 관리하는 일(事)이 정치다. 이런 점에서 관리 노동은 본질상 정치적 노동에 속한다고 볼 수 있다.

마르크스주의자들은 관리 노동의 가치를 이해하지 못했다. 그들은 국가정권을 장악하고 국가를 관리하는 사업을 계급적 착취와 억압을 실현하기 위한 독재행위로만 이해하였다. 그들은 자본주의 국가관리 근로자들을 무산계급의 적으로, 타도의 대상으로 간주하였다.

그들은 기업을 관리하는 자본가들은 노동 계급을 착취하고 놀고 먹는 사회의 기생충으로 간주하였다. 그렇다면 사회주의 사회에서는 생산노동에 종사하는 노동자만 있고 공장을 관리하는 관리자들과 노동자들을 지도하고 인사관리를 하는 매니저들은 없어도 된다는 말인가? 진정으로 경영관리의 중요성을 이해할 줄 모르는 마르크스주의자들의 견해는 부당하기 그지없다.

마르크스주의자들은 육체적 노동의 중요성만을 인정하고 경영관리나 상행위의 창조적 성격을 이해하지 못한다. 그들은 상품을 유통하는 상업에서는 절대로 가치가 창조될 수 없다고 주장한다. 그들은 상인들이 상품을 유통하고 운반하는 데 소요되는 노동의 대가를 창출하는 상행위는 부당한 중간착취라고 비난한다.

가치란 인간의 수요를 충족시킴으로써 받게 되는 사회적 평가이다. 상인들은 상품을 사회적 수요에 맞게 관리함으로써 상품의 가치를 높이는 창조적 관리 노동을 한 것이라고 볼 수 있다. 마르크스주의자들의 이러한 그릇된 관점 때문에 사회주의 사회에서는 상업이 외면당하고 유통산업이 침체 상태에 빠져 생산 발전에 커다란 장애가 조성되었다.

이와 같은 견지에서 볼 때 생활 수단 생산에 종사하는 노동자들의 육체적 노동만이 귀중하고 노동 계급이 전 사회의 모든 계층과 계급의 이익을 대표하여 독재를 실시할 권리를 갖는다는 마르크스주의자들의 주장이 얼마나 어처구니없는 궤변인가 하는 것은 너무나 명백하다.

생산공장에서 생산에 종사하는 노동자들이 어떻게 과학자, 교육자, 문학예술 창작자, 의사, 출판 분야 근로자들의 역할을 대신할 수 있으며, 정치가와 국가공무원의 역할을 대신할 수 있겠는가?

계급주의자들은 계급적 차별을 반대하고 계급적 지배를 반대한다고 주장하지만, 실제로는 선진 분자가 지도권과 독재권을 가져야 한다는 이론에 의거하여 새로운 계급적 지배체제를 만들었던 것이다. 그들의 주장에 따르면 노동 계급은 가장 선진계급이기 때문에 노동 계급의 이익을 대표하며 독재권을 가지며, 수령은 가장 탁월한 공산주의자이기 때문에 당과 노동 계급을 대표하여 독재권을 가질 수 있다는 것이다.

이리하여 수령 개인 독재를 허용하게 되었으며 북한과 같은 데서는 수령의 지배적 지위를 절대화하여 수령세습제까지 허용하는 봉건적인 계급적 지배체제를 부활시키는 결과까지 초래하였다.

이와 같은 점을 고려한다면 말로는 노동 계급을 위한 집단주의이고 실제로는 노동 계급을 노예화하는 것이 본질이며, 구호로만 「다 같이 잘 산다」 라는 집단주의이고 실제로는 수령의 절대적인 개인이기주의가 본질이라는 것을 알 수 있다.

국내의 일부 친북좌파들은 북한의 통치자들이 「노동자, 농민을 위한 나라를 건설한다」는 추상적이고 허황된 선전을 그대로 믿을 것이 아니라 북한의 실정을 구체적으로 파악한 것에 기초하여 올바른 자기의 주관을 확립해야 한다.

마르크스와 함께 계급주의적 공산주의를 창시한 엥겔스는 그들의 학설의 진수를 한마디로 요약하여 계급해방의 학설이라고 주장하였다. 이것은 그들이 계급적 차별이 없고 다 같이 잘 사는 집단주의적 민주주의 사회 건설을 염원하여 출발하였다는 것을 의미한다.

그들은 처음에 공산주의 사회를 진정한 인도주의 사회, 즉 완전한 민주주의 사회라고 주장하였다. 그들은 다만 진정한 민주주의 사회를 건설하는 수단과 방법으로써 계급투쟁과 무산계급 독재의 필요성을 강조하였던 것이다.

그러나 그 후 공산주의 운동의 실천적 지도자들은 수단과 방법인 계급투쟁과 무산계급 독재의 중요성을 강조한 나머지 그 자체가 목적인 것처럼 주장하게 되었다. 계급투쟁과 무산계급 독재를 민주주의 사회를 건설하는 목적으로 설정하고 군사력에 의거한 폭력혁명을 신성화하고 군국주의 방향으로 나가게 되었던 것이다.

과거 개발도상국에서는 노동자, 농민들의 낮은 문화 수준으로는 마르크스주의 이론을 이해할 수 없었다. 그들은 오직 잘 사는 사람들 때문에 노동자, 농민이 못 살게 되었으니 잘 사는 사람들을 때려 부수고 다 같이 나누어 먹어야 한다는 식으로 계급투쟁의 본질을 이해하였다.

계급 독재와 군사 제일주의를 신성화하고 있는 북한의 수령절대주의 독재자들의 이른바 혁명적 인생관이야말로 반인민적이며 비인간적인 기만과 허위의 극치라고 볼 수 있다.

그들은 지금도 인민들에게 오직 혁명을 위해 순간순간을 바쳐야 하며 오늘 잘 살려고 할 것이 아니라 내일 잘 살기 위해 투쟁하는 것이 이른바 혁명적 인생관이라고 선전하고 있다.

5. 자주적 존재와 인간중심의 인생관

인간은 세계에서 유일한 자주적 존재이며 유일한 창조적 존재이다. 인간은 자주적이며 창조적인 활동을 통해 세계에서 차지하는 자기의 자주적 지위와 창조적 역할을 끝없이 높여 나간다.

인간의 발전 속도는 가속적으로 빨라지기 때문에 앞으로 수천억 년 후에는 인간이 세계에서 차지하는 자주적 지위와 창조적 역할의 높이는 상상을 초월할 지경에 이르게 될 것이며, 우주의 주인으로서의 인간의 지위와 역할은 확고부동하게 될 것이다. 바로 여기에 그 무엇과도 대신할 수 없는 인간의 영광스러운 사명이 있다.

인간의 영원한 생존과 발전을 보장하며 무의미하고 무가치한 우주를 끝없는 가치와 심원한 의미를 가진 세계로 창조해 나가는 것이 인간의 삶의 종국적 목적이라고 볼 수 있다.

인간중심 철학의 인생관은 인간 존재의 어느 한 측면에 치중한 인생관이 아니라 인간의 육체적 발전과 개인적 존재로서의 발전, 집단적 존재로서의 발전을 다 같이 최대한 균형적으로 발전시켜 세계에서 차지하는 인간의 자주적 지위와 창조적 역할을 최대한으로 높여 나가는 데 이바지하도록 살 것을 요구하는 인생관이다.

인간중심 철학의 입장에서 비추어 볼 때 우리는 인간의 본성이 개인적 존재 측면과 집단적 존재 측면이라는 양면을 가지고 있다는 것에 대한 올바른 인식을 갖는 것이 필요하다는 것도 확인하였다.

전근대사회에 있어서는 어디서나 집단의 논리, 특히 지배자의 의사(意思)나 논리가 시민으로서의 개인의 논리를 억압하고 있었다. 정치적인 지배자가 강력한 힘을 갖고 있었기 때문에 흔히 개인의 자유와 평등의 요구는 무시되었다. 이런 상황에서는 시민 수준의 자발적인 참여가 저해되기 때문 결과적으로 경제발전이나 문화의 융성은 있을 수가 없었다.

그러면 근대화 이후의 상황은 어떠한가. 근대화가 가져온 가장 커다란 변화는 정치적인 민주주의, 경제적으로는 자본주의라는 제도의 도입과 더불어 모든 개인에게 자유와 평등을 가져다주었다는 데 있다.

여기서는 집단의 공익 추구의 논리보다도 개인의 이익, 자유와 평등의 주장이 더 강해진다. 가치관이 분열되고 이기주의가 만연하며 욕망의 무한 개방이 이루어진다. 많은 개인들이 집단이나 사회를 위한 희생은 마다하고 자기의 자유를 무제한으로 요구하며, 전면적인 평등을 요구한다는 것이다.

그러면 그 사회는 어떻게 되겠는가?

불합리한 일에 직면했을 때 자기반성보다는 그 원인을 사회의 탓으로 돌리는 현상이 지배적으로 되면 사회질서는 무너지고 경제 또한 병들게 되는 것이다.

오늘날 우리 사회가 가진 과제도 이러한 상황과 비슷한 면이 없지 않다. 물론 개인에게 있어서 가장 중요한 것은 개인의 생명을 보존하고 발전시키는 것이다. 이것은 개인의 생명의 본성적 요구에도 맞고 집단의 생존과 발전을 보장하는 데도 맞다. 집단을 구성하고 있는 모든 개인들이 다 건강하면 집단 자체도 건강하게 되리라는 것은 의심할 바 없다.

그러나 개인이 다른 개인들의 생존과 발전을 저해하든가, 집단의 공동 요구를 무시하고 자기 개인의 생존과 발전만을 추구할 때에는 집단성원으로서의 자격을 상실하게 된다.

우리는 개인적인 목표가 행동을 지배하는 자기도취적 개인주의와 개인 목표가 '커뮤니티'(community)의 목표와 통합된 공동체적 개인주의를 구별하지 않으면 안 된다. 사람들이 자기 자신뿐만 아니라 사회 전체를 시야에 넣고 목표를 추구한다면 사회는 바람직한 기능을 하게 된다. 아울러 사회는 확실하게 이상적인 본연의 자세로 진화하고 변화하게 된다.

개인주의와 집단주의의 양쪽 지향(志向)을 행동 레퍼토리(repertory)에 포함하는 것에 의해서 유지되고, 상황에 대응해서 개인주의 또는 집단주의적인 행동을 실천하는 것이 바람직하다.

아울러 개인의 목표가 집단의 목표와 일치하는 것이 필요하다. 따라서 우리들이 성공을 거둘 때에는 우리들뿐만 아니라 우리들의 집단도 성공을 거둘 수 있도록 유의하지 않으면 안 된다.

원래 인간은 개인적 존재인 동시에 집단적 존재이기 때문에 사랑과 협조 관계는 개인적 존재로서의 대립 관계와 더불어 집단적 존재로서의 협조 관계, 두 측면을 다 같이 충족시키고 조화시켜야 한다.

남북의 통일도 제도나 이념, 경제보다는 사람들의 의식을 통제하고 있는 개인주의나 집단주의와 같은 상충되는 가치들의 합리적인 융합이 필요하다. 이런 것에 대해 준비를 하는 것이 바로 통일의 준비가 될 것이며, 이는 세계 민주화의 길로 나아가는 방향이기도 하다,

오늘날 인류의 먼 미래를 억측하는 것은 무의미하다. 여기서는 다만 인류의 영원한 발전에 도움이 되도록 살 것을 요구하는 것이 인간중심 철학의 인생관이라는 점만을 강조하는 데 그칠 수밖에 없다.

인간은 개인적으로는 영생할 수 없을지라도 인류는 영원히 생존하고 번영할 수 있다. 우리의 한 생은 짧지만 개인의 운명을 인류 집단의 영원한 운명과 결부시키고, 인류의 영원한 발전에 이바지하는 방향에서 세계의 주인으로서 사명을 다하고 노력해 나아간다면 영원히 생존하고 발전할 수 있을 것이다.

맺음말

우리는 이 책에서 세계란 무엇이며, 세계를 구성하고 있는 물질은 어떠한 특성을 갖고 있으며, 또 어떻게 변화 발전하고 있는가? 그리고 세계 속에서 우리 인간은 어떠한 지위에 있으며, 세계의 주인으로서의 우리 인간은 어떻게 살아야 하는가를 살펴보았다.

그 내용을 요약 정리해 보면 다음과 같다.

제1장 〈세계란 무엇인가〉에서는

우리가 세계를 인식하는 데에는 두 가지 방법이 있는 바, 그 하나는 거시세계이며 다른 하나는 미시세계라는 것이다. 거시세계(Macroscopic world)란 그 대표적인 것이 태양과 지구이고, 그 외에 은하계 우주, 대우주가 있으며 우주의 끝은 무한하다고 했다. 이와 반대로 미시세계는 원자나 분자와 같은 극소한 크기의 물질이나 전자, 중성자, 양성자와 같은 입자들이 움직이는 공간과 시간을 다루는 분야라고 규정했다.

거시세계에서는 일상적인 경험과 직관적인 이해를 바탕으로 물리 현상을 다루게 되고, 미시세계에서는 양자역학과 같은 수학적인 이론과 계산을 기반으로 복잡한 물리 현상을 다루게 된다는 것이다.

블랙홀은 우주에서 가장 신비로운 대상 중 하나로서 빛마저 흡수하기 때문에 눈으로 볼 수 없지만, 주변의 물체가 흡수되는 모습을 관측할 수 있다고 한다. 우주 팽창에 대한 연구는 암흑 물질과 암흑 에너지의 발견으로 이어졌고, 천체 물리학과 우주론 연구의 새로운 길을 열었다.

모든 물질적 존재는 다 자기를 보존하려는 성질(性質)을 가진다는 것이며, 동시에 자기를 보존하기 위한 운동을 하며, 물질의 발전 수준이 높을수록 자기 보존성의 수준이 높고 자기보존 운동의 주동성과 능동성의 수준이 높다는 것이다,

철학자는 우주가 앞으로 어떻게 변할 수 있다는 것을 과학적으로 증명하지 못해도 인간의 창조적 능력은 끝없이 발전할 수 있기 때문에 인간의 요구에 맞게 우주를 끝없이 개조해 나갈 수 있으며, 따라서 우주가 어떻게 변하든지 인간은 자기 운명을 끝없이 개척해 나갈 수 있다는 확신을 가져야 한다고 했다.

제2장 〈물질의 보편적 특성은 무엇인가〉에서는

세계에서 가장 근원적이고 영원하며 보편적인 것은 세계가 물질로 이루어지고 모든 물질은 대립물의 투쟁이며 끊임없이 변화 발전하고 있다는 것이다.

물질은 그 자체의 구조와 성질을 가지고 있고 그 성질에 따라 운동하고 변화 발전하며, 모든 물질은 대립물의 통일로서 내부 구조를 가지고 있기 때문에 모순적 존재이고, 모든 물질은 그 모순적 결합

에서부터 생기는 성질에 따라 운동·변화·발전하기 때문에 변증법적
이다.

물질의 철학적 개념에 대하여 레닌은 "물질이란 감각을 통해 인간
에게 주어지고, 우리의 감각으로부터 독립하여 존재한다"고 했다.

위에서 레닌이 규정한 물질 규정은 물질과 의식과의 관계의 문제
라고 하는 지금까지의 철학의 근본문제에 대하여 원리적인 해답을
부여하고, 물질의 철학적 개념과 물질의 구성과 성질에 대해서 자연
과학적 제(諸) 견해와의 혼동을 극복한 것은 긍정적이다.

그럼에도 불구하고 객관적 존재라고 하는 성질은 물질이 의식으
로부터 독립적으로 존재한다는 것을 밝힐 뿐, 객관성만으로는 물질
의 속성에 기초한 자연의 계층적 구조를 설명할 수 없다.

물질이 의식과 관계없이 객관적으로 존재한다는 것만으로는 어
떻게 하여 단순한 무기물질로부터 생명 유기체가 발생하게 되고, 더
나아가 사회적 존재인 인간이 어떻게 발생하게 되었는가를 이해할
수 없다. 물질의 개념은 마땅히 가장 단순하고 저급한 물질적 존재
로부터 가장 복잡하고 고급한 존재인 인간에 이르기까지, 모든 물질
적 존재의 공통성과 함께 차이성의 발생, 발전을 해명하는 데 지침
이 되어야 할 것이다.

반면에 인간중심의 철학에서는 종래의 철학과는 달리 가장 발전
된 존재이자 가장 고급한 운동을 하는 인간을 중심에 두고 세계의
존재와 운동을 고찰한다.

물질의 기본 구조는 대립물의 통일이고, 물질의 성질은 어떤 대립물이 통일되는가 하는 물질의 구체적 구조에 따라 생겨난다고 한다. 또한 물질의 성질은 물질의 운동에 의해 드러나고 우리들은 물질의 운동을 통해서 그 물질의 성질을 알 수 있다는 것이다.

물질의 성질이 달라지는 것은 물질의 구성요소와 결합구조가 달라지기 때문이며, 물질의 운동이 달라지는 것은 물질의 성질이 달라지기 때문이다. 즉, 물질의 운동을 통하여 물질의 구성요소와 결합구조가 달라질 수 있고, 이렇게 되면 물질의 성질이 달라지고 이에 따라 물질의 운동도 달라질 수 있는 것이다.

물질의 구성요소와 결합구조, 물질의 성질, 물질의 운동 등 상호관계를 인식한 데 기초하여 인간은 임의의 성질을 가진 물질을 만들어 낼 수 있다는 결론을 짓게 된다.

세계는 다양한 물질에 의해 성립되어 있지만, 그것을 발전 수준에 비추어 분류하면 무생명 물질(무기체), 생명 물질(생물학적 존재) 및 인간(사회적 존재)의 셋으로 크게 구별할 수 있다.

즉, 무생명 물질은 자기의 속성을 보존하려고 하는 요구와 그것을 실현하는 능력을 지니고 있으며, 생물학적 존재는 생존하고자 하는 요구와 생존능력을 갖고 있으며, 사회적 존재인 인간은 자주적 요구와 그것을 실현할 수 있는 창조적 능력을 가지고 있다. 물질의 성질은 물질이 가지고 있는 성질을 말하는데 그것은 눈으로 볼 수도 손으로 만질 수도 없지만 물질에 속하는 성질이다. 그렇기 때문에 그 것을 물질의 속성이라고 부른다.

따라서 마르크스주의 유물론은 과학적이고 객관적인 유물론이라고 말할 수 있으나 인간중심의 철학이 해명하는 유물론은 과학적이며 객관적인 것을 전제로 하여 물질의 주체성을 밝힌 주체적 유물론이라고 말할 수 있다. 동시에 물질세계에서 가장 발달한 존재는 인간이고 인간만이 세계에서 유일하게 자주성과 창조성, 그리고 사회적 협조성과 의식성을 가진 물질적 존재라는 점을 해명했다. 그리고 이 해명을 출발로 하여 마침내 무생물에 관해서도 인간중심 철학의 물질관을 확립한 것이다.

제3장 물질의 변화 발전의 법칙인 변증법에 대해서는

변증법은 '물질은 어떠한 법칙에 따라서 발전하는가를 입증하는 법칙'이다. 제1의 법칙은 질량의 법칙이다. 물질의 양이 확대 발전하고 일정한 한계에 달하면, 양은 질로 변화 발전한다는 법칙이다. 여기서 물질은 객관성만 가진 존재인 것이 아니라 자기를 보존하려는 주관성도 가지고 운동하는 존재로 이해해야 한다고 했다.

양질의 관계에서 가장 기본적인 것은 존재를 특징짓는 양적 규정성의 변화에 따라 속성을 특징짓는 질적 규정성이 달라진다는 것이다. 물질적 존재를 구성하고 있는 각이 한 요소들과 그것을 결합시키는 결합구조와 결합방식이 물질적 존재의 양적 규정성이며,

이러한 양적 규정성이 달라지면 물질적 존재의 성질도 달라진다는 것이다.

변증법의 제2의 법칙은 대립물의 통일과 투쟁에 관한 법칙이다. 대립물의 통일이기 때문에 그 물질 사이에는 모순이 발생한다. 이 모순을 해결하기 위해 투쟁이 행해지고, 사물은 더 높은 단계로 발전한다고 마르크스주의자들은 선전해 왔다. 여기서 통일은 상대적인 것이며, 투쟁은 절대적이라고 보았다.

이것이 권력 획득을 위해 혹은 독재자의 잘못된 정책을 미화하고, 근로자의 자주성과 창조성을 말살시키기 위해 이용되었다는 것도 사실이다.

대립물의 통일은 대립을 내포하는 통일이기 때문에 절대적인 통일이 아니라 상대적인 통일이다. 또 대립은 통일을 허용하는 테두리 안에서의 대립이기 때문에 절대적인 대립이 아니라 상대적인 대립이다.

발전의 근본 원인은 자기를 보존하고 더 잘 보존하려는 주체의 의욕이며, 이러한 발전 의욕을 끝까지 관철할 수 있는 강한 의지와 정신적 생명력과 결부된 물질적 힘이 발전을 담보하는 동력이다. 사물의 발전에서 협조와 단결에 의한 사랑의 통일의 힘만큼 강력한 힘은 어디에도 존재하지 않는다. 대립물의 통일과 투쟁의 법칙은 재검토하여 협조와 단결에 의한 사랑의 통일의 법칙으로 발전시키지 않으면 안 된다는 것이다.

마르크스주의 창시자들은 사물 발전의 역사적인 연속과정의 특징이 낡은 것을 부정하고 그것을 다시 부정하여 새것을 긍정함으로써 낡은 것으로부터 새것으로의 발전이 가능하다는 데 있다고 보면서 이 법칙을 부정의 부정의 법칙이라고 하였다.

인간의 운명 개척을 성과적으로 보장하기 위해서는 전 세대가 창조한 업적을 옳게 계승하는 문제와 신세대가 구세대와는 구별되는 새로운 업적을 창조하는 문제를 옳게 배합하는 것이 중요하다고 하였다.

우리는 이러한 견지에서 헤겔과 마르크스가 발전시켜 온 변증법을 인간의 운명 개척을 위한 창조적 활동에 이바지할 수 있도록 수정 보완하는 한편, 몇 가지 중요한 원리를 더 추가할 필요성이 있다고 인정하고, 목적과 수단의 통일변증법과 주체와 객체의 통일변증법을 추가하였다.

제4장 〈세계에 있어서 인간의 지위와 역할〉에서는

물질적 세계의 일반적 특징과 인간의 본질적 특성이 해명된 후, 철학이 밝혀야 할 문제는 세계에 있어서 인간의 지위와 역할에 관한 문제라는 것이다. 철학의 사명은 인간의 운명 개척에 있어서 그것을 실현하기 위해서는 인간이 세계의 주인의 지위를 차지하고 세계의 개조에 있어서 결정적 역할을 한다고 하는 근본 문제를 과학적으로 해명하지 않으면 안 된다고 했다.

신(神)중심의 세계관에서 인간중심의 세계관으로 향하는 것은 세계관의 변화 발전의 기본 방향이다. 종교적 세계관에 반대해서 그것을 논박하는 과정에서 태어난 철학적 세계관은 세계가 본질상 물질로 성립되었다는 것을 근본으로 하는 유물론적 세계관이었다.

유물론이 종교적 세계관에 반대하여 자주적 활동의 길을 여는 세계관을 탐구하는 과정에서 태어났다고 한다면, 변증법은 창조성을 억압하는 종교적 세계관에 반대하여 창조적 활동의 길을 개척하는 세계관을 추구하는 과정에서 출현했다고 볼 수가 있다. 유물론과 변증법의 출현은 환상적인 종교적 세계관을 극복하는 데서 큰 의의를 가졌다.

봉건제도가 붕괴하고 자본주의 제도가 성립했을 때, 사람들의 사상 의식과 창조적 능력은 현저한 발전을 이룩했으며, 사상 의식과 창조적 능력이 발전함에 따라서 유물론과 변증법의 내용도 풍부해지고 더욱 포괄적인 것으로 발전해 갔다는 것이다.

근대 유물론은 사회와 인간만이 아니라 물질세계 전반이 변화 발전과정 속에 있다고 하는 견해에도 이르지 못했다. 마르크스주의는 자연과 사회를 유물론적 견지에서 파악할 뿐만 아니라 역사적 변화 발전의 과정에서 고찰함으로써 유물론과 변증법을 통일시키고 유물 변증법적 세계관을 확립했다. 이것은 세계는 물질로 성립되어 있으며 끊임없이 변화 발전한다는 것을 근본이념으로 하는 철학적 세계관이다.

종교적 세계관이 신을 중심에 두고 확립한 세계관이라고 한다면, 유물변증법적 세계관은 물질 일반, 물질적 생활 조건을 중심으로 해서 확립한 세계관이라고 말할 수 있다. 마르크스주의는 유물변증법적 세계관을 확립함으로써 관념론과 형이상학에 대한 유물론과 변증법의 이론적 승리를 가져오고, 세계 만물을 창조하고 인간의 운명을 결정하는 신과 같은 존재는 없다는 것을 철학적으로 근거 짓는 문제를 해결했다고 주장한다.

인간중심철학의 세계관의 근본이념은 인간이 모든 것의 주인이며 모든 것을 결정한다고 하는 명제이며, 인간이 모든 것의 주인이라고 하는 것은 세계에서 인간이 차지하는 지위에 대한 철학적 해답이다. 인간이 세계의 주인이라고 하는 것은 인간이 자연에 예속되어 살아가는 것이 아니라 자연을 개조하고 자기에게 봉사하게 하면서 살아가고 발전하는 것을 의미한다.

인간중심의 철학은 세계관과 운명관의 과학적 통일을 기초로 하여 신앙과 이성의 대립을 지양했다. 종교적 교리와는 다르게 이성을 신앙보다 상위에 두고 논리적 논증에 근거해서 세계관을 전개했다.

인간중심철학의 세계관은 종래의 세계관과는 달리 세계관과 운명관을 과학적으로 통일시켰기 때문에 이성적으로 납득할 수 없는 비과학적인 이론 전개를 인정하지 않는다는 것이다.

인간중심의 철학은 세계에 대한 견해를 사상화된 세계관으로 전화시키는 철학 이론이다. 인간이 세계에서 주인의 지위를 차지하고, 세계의 발전과 자기의 운명 개척에 있어서 결정적인 역할을 한다고 하는 인간중심의 철학은 세계에 대한 일반적 지식을 부여하는 동시에, 세계에 대한 인간의 근본적인 이해관계와 그 실현 방법을 해명하고 있다.

인간의 운명은 세계에서의 그 지위와 역할이 높아짐에 따라 개척된다. 지위와 역할의 향상이 없는 곳에 운명의 향상은 있을 수 없다. 지위와 역할을 높여가는 주체는 인간 자신이다. 인간의 자주성과 창조성, 바꾸어 말하면 자주적 요구와 창조적 능력의 발전 수준에 의해서 세계를 개조하는 창조적 역할과 주인으로서의 지위의 높이가 규정된다.

인간중심의 철학은 세계에서 인간이 차지하는 주인으로서의 지위와 역할의 발전법칙을 해명할 뿐만 아니라 인간과의 관계에서 물질세계 발전의 합법칙성이 갖는 기본 내용도 명확히 하고 있다.

이 점에서 인간은 자기의 발전만이 아니라 물질세계 전체를 위하여 창조적으로 활동하는 것이다. 인간은 우주의 생명을 자신의 생명으로서 감수하고 우주를 애호하고 우주의 힘에 의거해서 장대한 창조적 활동을 전개하는 유력한 존재가 되는 것이라고 주창한다.

제5장 〈인간은 무엇을 목적으로 어떻게 살 것인가〉에서는

인간은 세계의 주인, 자기 운명의 주인으로서 영원히 발전해 나가는 존재이며 세상에서 가장 발전된 귀중한 존재이다. 인간은 자기가 체현하고 있는 생명력을 객관화하여 인간 집단이 공동으로 이용할 수 있는 사회적 생명력으로 만들고 사회적 생명력에 의거하여 사회적으로 협조 협력해 나가는 존재이다.

인간의 생명력이 객관화되고 사회화됨으로써 인간의 생명력은 개별적인 사람들의 사멸과 출생에 좌우됨이 없이 사회적으로 대를 이어 계승되고 발전할 수 있었다, 그리하여 막강한 정신적인 힘과 창조적인 힘, 그리고 사회적 협조의 힘을 끝없이 강화 발전시킬 수 있게 되었다.

인간중심철학의 인생관은 인간 존재의 어느 한 측면에 치중한 인생관이 아니라 인간의 육체적 발전과 개인적 존재로서의 발전, 집단적 존재로서의 발전을 다 같이 최대한 균형적으로 발전시켜 세계에서 차지하는 인간의 자주적 지위와 창조적 역할을 최대한으로 높여 나가는 데 이바지하며 살 것을 요구하는 인생관이다.

인간중심 철학의 입장에 비추어 볼 때 우리는 인간의 본성이 개인

적인 존재 측면과 집단적 존재 측면, 양면을 가지고 있다는 것에 대한 올바른 인식을 갖는 것이 필요하다는 것도 확인하였다.

물론 개인에게 있어서 가장 중요한 것은 개인의 생명을 보존하고 발전시키는 것이다. 이것은 개인의 생명의 본성적 요구에도 맞고 집단의 생존과 발전을 보장하는 데도 맞는다. 집단을 구성하고 있는 모든 개인들이 다 건강하면 집단 자체도 건강하게 되리라는 것은 의심할 바 없다.

원래 인간은 개인적 존재인 동시에 집단적 존재이기 때문에 사랑과 협조 관계는 개인적 존재로서의 대립의 관계와 더불어 집단적 존재로서의 협조의 관계의 두 측면을 다 같이 충족시키고 조화시켜야 한다.

우리의 한 생은 짧지만 개인의 운명을 인류 집단의 영원한 운명과 결부시키고, 인류의 영원한 발전에 이바지하는 방향에서 세계의 주인으로서 사명을 다하고 노력해 나아간다면 영원히 생존하고 발전할 수 있을 것이다.

이상과 같이 본서의 전체 내용을 요약해서 정리해 보았다.

어떤 부분은 선행연구자들의 내용을 편집한 것도 있고, 제 자신이 독자적으로 자료를 찾아 첨언하고 정리한 것도 있다. 다만 제 자신의 능력의 한계 내에서는 나름대로 최선을 다한 것은 사실이다. 독자 여러분들에게서 인간중심의 철학을 공부하는 데 조금이나마 도움이 되었으면 한다.

첨부한 부록의 내용은 인간중심의 철학을 창시한 황장엽 선생께서 생전에 남기신 귀한 글이기에 공유 차원에서 실었다. 참고하시길 바란다.

부록

◇인간중심철학의 역사적 사명◇

인간중심철학은 인간의 운명 개척의 길을 밝혀주는 것을 사명으로 하는 철학 학설이다.

인간중심철학의 방법론은 인간을 중심으로 하여 인간의 운명과 관련된 진리를 인식해 나가는 것이다.

인간을 중심으로 사고한다는 것은 인간만을 생각하는 주관주의가 아니다. 인간이 가장 발전된 존재로서 세계의 발전 수준과 발전 방향을 대표하고 있기 때문에 인간을 중심으로 사고하여야 인간과 세계를 관통하고 있는 진리를 옳게 인식할 수 있다는 것이다.

인간과 인간을 둘러싸고 있는 자연 세계는 다 같이 객관적 존재라는 공통성을 가지지만 발전 수준에서 질적 차이를 가진다. 인간과 자연의 객관적 존재성의 공통성을 부정하는 것이 옳지 않을 뿐 아니라 양자 간의 질적 차이를 무시하는 것도 옳지 않다. 양자 간의 질적 차이는 발전 수준에서 초래되는 차이인 것이다. 이 차이를 무시하거나 이 차이를 절대화하고 신비화하는 것은 큰 잘못이다.

가장 발전된 존재인 인간은 객관적으로 존재한다는 것이 뚜렷할 뿐 아니라 자기의 생존과 발전을 요구하는 주관적 속성 또한 뚜렷하다. 인간 생명의 주관성은 정신작용에서 집중적으로 표현되고 있다. 생명과 정신은 본질상 자기 존재를 보존하고 더 잘 보존(발전)하려는 사물의 주관성이라고 볼 수 있다.

인간중심의 철학은 인간이 가장 발전된 존재로서 객관적 존재성과 함께 자기를 보존하려는 가장 발전된 주관성을 가지고 있다는 엄연한 사실로부터 출발한다. 인간중심의 철학은 객관적 존재성과 자기 존재의 특성을 보존하려는 주관성과 양자의 결합으로서 일어나는 자기보존 운동의 세 가지 요인이 인간의 본질적 특징을 이루고 있다는 점을 인정하게 되었다.

가장 발전된 존재는 물질세계의 유구한 발전의 산물이다. 사물의 발전은 동일성과 차이성, 연속성과 불연속성의 양면을 가진다. 모든 사물은 연속적인 존재인 동시에 불연속적인 존재이며 동일성을 가진 존재인 동시에 차이성을 가진 존재이다. 그러므로 모든 사물의 발전은 동일성과 연속성의 발전인 동시에 차이성과 불연속성의 발전으로 된다.

가장 저급한 존재와 가장 발전된 존재 사이에는 엄청난 차이성이 있는 동시에 양자를 연결시키는 동일성이 있다. 객관적 존재성과 운동에서 공통성을 가지고 있다는 것은 명백하다. 문제는 자기를 보존하려는 주관성의 보편성을 인정할 수 있겠는가 하는 데 있다.

인간뿐 아니라 동물과 식물 등 생명체에서는 자기보존의 주관성이 보편적이며 이것 없이는 운동이 일어날 수 없다는 것이 명백하다. 무생명 물질과 생명 물질의 차이는 결국 물질적 존재의 발전 수준의 차이에 지나지 않는다. 그 수준의 차이는 무엇보다도 운동의 주동성과 능동성의 차이로 표현된다. 생명 유기체뿐 아니라 무생명 물질에서도 발전 수준이 낮을수록 주동성과 능동성이 약하고, 발전 수준이 높을수록 주동성과 능동성이 높다는 사실을 확인할 수 있다.

이것은 가장 단순한 객관적 존재에도 그 발전 수준에 맞는 미약한 주동성과 능동성이 있으며 이것이 바로 자기를 보존하려는 사물의 주관성의 수준의 표현이라고 볼 수밖에 없다는 것이다.

이로부터 인간중심의 철학은 자기 존재를 보존하려는 주관성은 모든 사물의 공통적인 특징이라는 철학적 결론을 짓게 된다.

객관적 존재성과 주관적 자기 보존성과 양자의 결합인 자기보존 운동의 3자 통일에 관한 원리(존재, 속성, 운동의 통일 원리)는 유물론과 관념론의 일면성을 다 같이 극복하고 인간의 운명 개척에서 가장 발전된 존재인 인간 자체의 주동적이며 능동적인 역할의 결정적 의의를 밝혀주는 인간중심철학의 기본 원리로 인정되었다.

인간의 운명은 인간과 자연세계와의 관계에서 규정된다. 인간이 자연세계를 자기의 생존과 발전의 요구에 맞게 개조해 나가는 수준이 곧 인간의 운명 개척의 발전 수준이다. 그러므로 인간의 운명 개척의 길을 밝히기 위해서는 첫째, 자연세계의 본질적 특징이 무엇이며 둘째, 인간의 본질적 특징이 무엇이며 셋째, 인간과 자연세계의 상호 관계의 본질적 특징이 무엇인가를 밝히지 않으면 안 된다. 이 세 가지는 인간중심철학의 3대 구성 부분을 이룬다.

자연은 인간의 뿌리이며 어머니이다. 자연을 떠나서는 인간의 발생과 발전에 대하여 생각할 수 없다. 자연은 양적으로나 질적으로 무한히 변화 발전할 수 있는 가능성을 가진 객관적 존재이다. 자연의 본질적 특징을 파악하는 사업에는 끝이 없다. 인간중심의 철학은 마땅히 끊임없이 발전하는 자연과학의 성과에 기초하여 자연의 본질적 특징을 탐구하는 철학적 연구 사업을 끝없이 계속하여야 한다.

인간은 자연에 종속되어 자연과 운명을 같이하는 자연적 존재의 구성 부분이 아니라 자연과 대립하여 자연을 자신의 생존과 발전의 요구에 맞게 개조하는 방법으로 자기 운명을 자체의 힘으로 개척해 나가는 자주적 존재이다.
자주적 존재인 인간이 발생함으로써 자연적 존재 하나로 이루어져 있던 세계는 자연적 존재와 사회적 존재, 두 부분으로 갈라졌다고 볼 수 있다.

오늘날에는 자연적 존재만 아는 것으로 세계를 전면적으로 알았다고 말할 수 없다. 자연적 존재와 함께 세계 발전의 수준과 방향을 대표하는 인간의 본질적 특징까지 알아야만 변화 발전하고 있는 현실 세계의 본질적 특징을 알았다고 볼 수 있다.

이 점에서 세계는 인간과 자연이라는 대립물의 통일이라고 볼 수 있다.

인간에게는 객관 세계의 발전 특징과 발전 능력이 집중적으로 구현되어 있다. 인간은 자연적 존재와는 비할 바 없이 빠른 속도로 발전하고 있으며 발전할수록 그 발전 속도는 가속적으로 빨라진다. 따라서 급속히 발전하는 인간의 본질적 특징을 파악하는 사업은 끊임없이 빠른 속도로 더욱 심화되지 않으면 안 된다.

자연적 존재와 질적으로 구별되는 인간의 본질적 특징은 그것이 사회적 존재라는 데에 있다. 사회적 존재의 구성요소와 결합구조는 자연적으로 이루어진 것이 아니라 인간의 사회적 운동을 통하여 변화 발전한 것이다. 사회적 존재가 지니고 있는 속성과 운동능력 역시 자연적으로 주어진 것이 아니라 인간의 사회적 운동을 통하여 형성되고 발전된다.

사회적 존재는 생명을 가진 인간과 인간이 창조한 사회적 재부, 그것을 결합시키는 사회적 관계로 이루어져 있다. 사회적 존재가 곧 사회이며 사회적 운동의 주체이다. 즉 인간의 본질적 특징은 곧 끊임없이 변화 발전하는 사회적 존재의 본질적 특징이다.

인간중심의 철학은 마땅히 사회적 존재를 연구 대상으로 하는 사회과학의 끊임없는 발전 성과에 의거하여 인간의 본질적 특징을 파악하는 사업을 끝없이 계속해 나가야 한다. 천년 후, 만년 후의 사회적 존재의 본질적 특징은 오늘날의 인간의 본질적 특징과 크게 달라질 것이다.

자연과학의 대상은 인간을 둘러싸고 있는 자연세계이며, 사회과학의 대상은 본질상 사회화된 인간이다. 양자는 각각 발전의 질적 수준이 다른 존재를 대상으로 하고 있는 만큼 하나가 다른 하나를 대신할 수 없다. 즉 자연과학과 사회과학은 자연과 인간을 다 같이 연구 대상으로 포괄하는 인간중심의 철학을 대신할 수 없다.

인간중심의 철학은 마땅히 자연과학과 사회과학의 발전 성과에 의거하면서 자연과 인간의 본질적 특징을 창조적으로 밝혀 나가야 할 것이다.

자연적 존재와 사회적 존재에 대한 과학적 인식에 끝이 없는 만큼 양자의 상호 관계의 본질적 특징을 연구하는 사업에도 끝이 없다는 것은 명백하다.

자연세계와 인간의 상호 관계에서 주체는 인간이다. 인간은 생명력(생활력)의 발전 수준에 맞게 세계에서 차지하는 인간의 자주적 지위와 창조적 역할의 수준이 객관적으로 규정된다. 인간의 생활력은 정신적 생활력과 물질적 생활력, 사회 협조적 생활력의 3대 부분으로 이루어진다. 인간의 생활력은 사회화되고 객관화되어 대를 이어 계승 발전한다.

인간의 3대 생활력(생명력)은 불균형적으로도 발전할 수 있지만 균형적으로 발전하는 것으로 가정할 때에는 인간의 생활력 발전 수준이 높아짐에 따라 세계에서 차지하는 인간의 자주적 지위와 창조적 역할이 끊임없이 높아진다는 것이 인간과 세계의 상호 관계의 변화 발전을 규정하는 일반적 특징이라고 볼 수 있다. 이것이 다름 아닌 인간의 운명 개척의 일반적 법칙인 것이다.

인간과 세계의 상호 관계, 세계에서 차지하는 인간의 자주적 지위와 창조적 역할의 변화 발전 과정은 사회 발전의 역사적 과정을 통하여 사회 발전의 객관적 법칙으로써 구현된다.

인간이 자연과 인간과 사회적 관계를 자기의 생존과 발전의 요구에 맞게 개조하면서 자기를 발전시켜 나가는 과정의 일반적 특징은 인간중심의 변증법에서 집중적으로 개괄된다.

종래의 변증법은 자연계에서 인간의 역할과는 관계없이 작용하는 개별 과학의 법칙과 유사한 보편적인 변화 발전의 법칙으로 인정되었다. 그것은 결국 물질세계 일반의 공통적인 변화 발전의 특징 이외의 다른 것으로 될 수 없다.

이 점에서 종래의 변증법은 변화 발전을 주관하는 특정한 주체를 예견하지 않는 변증법이었다. 이런 점에서 종래의 변증법은 주체가 없는 변증법이라고 말할 수 있다.

그러나 오늘날 세계의 변화 발전이 인간의 주도적 역할에 의하여 급속히 진행되고 있는 상황에서 인간을 떠난 자연발생적인 변화 발전은 인간에 의한 변화 발전에 비하여 너무나 뒤떨어져 있기 때문에 발전으로서의 의의, 새것의 발생으로서의 의의를 가질 수 없게 되었다. 이 점에서 오늘날 발전의 담당자는 인간이라는 것이 확정되었다고 볼 수 있다.

인간중심의 철학은 자연발생적인 변화 발전의 기본 특징을 개괄한 종래의 변증법의 합리적인 알맹이를 인간을 주체로 하는 사물 발전의 일반적 특징의 구성 부분으로 포괄하여 인간중심의 변증법을 새롭게 체계화하였다.

인간중심의 변증법은 인간의 주도적 역할에 의한 인간과 세계 발전의 일반적 특징을 밝혀주는 변증법이라는 점에서 인간의 운명 개척의 가장 보편적인 전략적 방법론이라고 볼 수 있다. 인간의 모든 인식 활동과 생존 활동이 인간의 운명 개척에 이바지하는 것을 종국적인 사명으로 하는 만큼 인간중심의 변증법은 인간의 모든 인식 활동과 실천 활동의 방법론적 지침이 된다고 볼 수 있다.

자연과학 발전의 현 단계에서는 아직 인간중심의 변증법이 큰 의의를 가질 수 없지만 앞으로 인간과 자연세계의 관계가 더욱 밀접하게 되고, 인간의 운명 개척에 이바지하는 자연에 대한 과학적 인식만이 자연과학적 진리로서의 가치를 가진다는 사실이 뚜렷이 밝혀지게 되면, 자연과학도 인간중심의 변증법을 과학적 인식을 심화시키는 데 지침으로 삼게 될 것이다.

인간중심철학은 이제 창시의 첫걸음을 내디딘 데 불과하지만, 그것은 인간 발전의 미래를 밝히는 데서 획기적인 진전을 이룩하였다.

위대한 진리는 위대한 동기와 결부된 인류공동의 위대한 노력을 통해서만 전면적으로 밝혀질 수 있다. 인류의 무궁한 번영과 발전에 대하여 숭고한 관심을 가지고 있는 모든 양심적인 사람들은 인간중심철학을 지침으로 하는 새로운 위대한 역사적 시대를 맞이하기 위하여 뜻을 합하여 견결히 싸워나가야 할 것이다.

비록 마르크스주의는 실천적으로 엄중한 결함을 발로 시키고 파산하였지만, 사회 역사적 현실을 과학적으로 파악하려는 노력에서는 그 나름으로 귀중한 업적을 남겼다고 인정할 수 있을 것이다. 유

250

교 사상은 과학적으로 체계화되지 못한 결함을 가지고 있지만 이 사상을 관통하고 있는 인간중심의 사고방식은 높이 평가할 만하다. 서양사상의 과학적 합리성과 동양사상의 도덕적 인간성은 인간중심철학의 2대 역사적 원천이라고 말할 수 있을 것이다.

영원불변한 진리란 있을 수 없다. 인류는 끊임없이 낡은 것의 합리적인 면을 계승하고 새것을 대담하게 창조해 나감으로써만 진리에 대한 인식을 낮은 단계로부터 보다 높은 단계로 끝없이 발전시켜 나갈 수 있을 것이다.

그러기 위해서는 온갖 편견과 교조주의를 버리고 허심한 양심을 가지고 진리를 다해야 하며 무엇보다도 진리에 대한 자기 자신의 양심을 속이지 말아야 한다. 똑똑히 모르면서 아는 체하는 것은 자기 자신을 속이는 비양심적인 행동이다.

공자는 "아는 것은 아는 것으로 모르는 것은 모르는 것으로 하는 것이 바로 아는 것이다(知之爲知之 不知爲不知 是知也)라고 하였다.

이 논문집(인간중심철학과 한국의 민주주의) 필자들 가운데 전문가와 비전문가, 실천가와 이론가 등 각계각층의 인사들이 망라되어 있다. 한 가지 동통성은 진리에 대하여 사심 없이 대하는 양심을 가지고 있다는 점이다. 이 점에서 필자들을 존경하고 높이 평가한다.

탁월한 철학, 경제학의 대가이며 불굴의 민주주의 투사인 경애하는 박용곤 박사께서 논문집에 귀중한 글을 보내주신 데 대하여 변함없는 우정을 담아 감사드린다.

논문집 출판에서 편집의 노고를 바친 서정수, 김원식 박사와 도서출판 시대정신 편집원 동지들께 진심으로 감사드린다.

2009년 1월 25일

황 장 엽

참고문헌

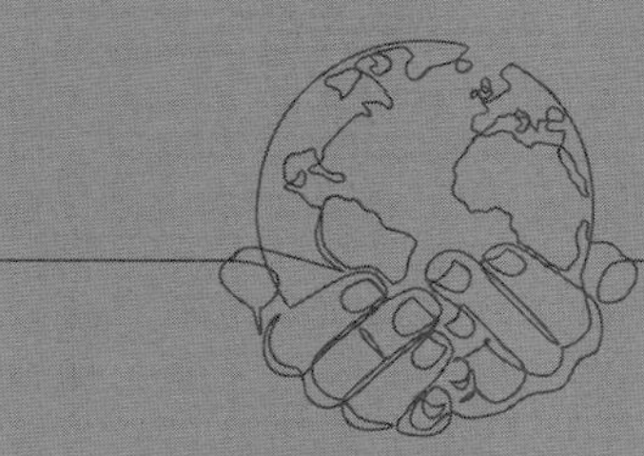

【단행본】

• 다니구치 요시아키(谷口義明) 지음, 이재화 옮김, 김용기 감수, 「우주의 신비」. 북스힐, 2021.

• 이정규 지음, 「우주산책」, 이데아, 1917

• 이종관 지음, 「과학에서 에로스까지」 -시대의 문제를 넘나드는 현상학적 성찰- 철학과 현실사, 2005.

• 박영자 · 이용구 글, 홍승우 그림, 「생명이란 무엇일까?」, 외이스쿨, 2016.

• Cynthia Brown 지음, 이영근 옮김, 「빅뱅에서 현재까지」(From The Big Bang To The Present). 바다출판사.

• 알렉시스 카렐 지음, 류지호 옮김, 「인간, 그 미지의 존재」, 문학사상사, 1998.

• 베네슈 호프만 저, 최혁순 옮김,『철학속의 과학여행-아인슈타인』, 동아출판사, 1989,

• 황장엽 지음, 「세계관」, 시대정신, 2003.

• 황장엽 지음, 「인간중심철학 원론」. 시대정신, 2008

• 황장엽 지음, 「인생관」, 시대정신, 2001.

• 황장엽, 「민주주의 정치철학」, 시대정신, 2005

• 황장엽, 「청년들을 위한 철학이야기」 시대정신, 2007.

• 황장엽 지음, 「인간중심철학의 몇 가지 문제」, 시대정신, 2003

• 황장엽 저, 「변증법적 전략 전술론」, 시대정신, 2006

• 황장엽 저, 「인간중심철학의 변증법적 해설」, 시대정신,2008

• 朴庸坤 著, 「チュチェ思想の世界観」, 未來社, 1981

• 朴庸坤 著, 「博愛の世界観」, 集広社, 2020

• 박용곤 지음, 「사랑의 세계관」, 시대정신, 2012.

• 박용곤 편저, 인간중심 철학에 관한 연구자료집, 제2부 정치학 편, 평성 16년 (2004년)

• 박용곤 편저, 인간중심철학에 관한 연구자료집, 제3부 경제학 편, 평성 16년

(2004년)

- 이원실, 「기독교 세계관과 역사발전」, 혜선출판사, 1990.
- 井上周八 지음, 최진성 옮김, 『사랑과 통일의 실천철학』, 도서출판 조국, 1990,
- 장 피에르 플레, 김종명 옮김, 「청소년이 알아야 할 세계화」, 東文選 現代新書. 2006
- 노르베르트 보비오 지음, 황홍주 옮김, 「자유주의와 민주주주의」, 문학과 지성사, 1999
- 이매뉴얼 월러스틴 외 지음. 성백용 옮김. 「자본주의는 미래가 있는가」. 창비, 2014
- 안제구 지음, 「철학의 세계 과학의 세계」, 한울. 1991.
- Harry C. Triandis 著, 新山貴弥 · 藤原武弘 編譯, 「個人主義と集團主義」, 北大路書房, 2002
- Alain Laeurent 저, 김용민 옮김, 「개인주의 역사」, 한길사, 2001
- H, E. Carr 저, 곽복희 옮김, 「역사란 무엇인가」, 청년사, 1993
- C. B. 맥퍼슨 저, 이유동 옮김, 「소유적 개인주의의 정치이론」, 인간사랑, 1991.
- 필립K. 보크, 임지현 옮김, 「인간이란 어떤 것인가」. 문학사상사, 1997
- E. 프롬 H 포핏츠. 김창호 옮김, 「마르크스의 인간관」. 동녘신서, 1983.
- H. C.トリアンデス 著 神山貴弥 藤原武弘 編訳, 「個人主義と 集團主義」, 北大路書房. 2002.
- 이현복 외, 「인간의 본성에 관한 철학이야기」, 아카넷, 2007
- 高田 求 著, 편집부 譯, 「세계관의 역사-유물론과 관념론의 투쟁」, 두레, 1986
- Z. A. ペルチンスキー 編, 藤原保信 外 訳. 「ヘーゲルの政治哲學(上)(下)」. 御茶の水書房. 1980
- 신일철 지음, 「북한 주체사상의 형성과 쇠퇴」, 생각의 나무, 2004
- 高田 求 著, 편집부 譯, 「세계관의 역사-유물론과 관념론의 투쟁」, 두레, 1986
- 폴 풀키에 저, 최정식 · 임희근 역, 「변증법의 이해」, 한마당, 1985
- 모리스 콘포스 지음, 양운덕 옮김, 「유물론과 변증법」, 백산서당, 1986

【논문】

• 김영한, 세계관에 대한 철학적 성찰, -기독교 관점에서-, 한국기독교학회, 기독교철학, 2009.
• 배진구, 《사회과학연구》, 조선대사회과학연구소, 1985.5, 《물질개념의 연구에 있어서의 몇 가지 문제》,
• 정광수, 과학적 세계관과 인간관, 범한철학회, 범한철학, 2011년.
• 김보림, 기독교 세계관에서 본 한국의 역사교육, 기독교 학문연구회, 신앙과 학문, 2011.
• 이현휘, 화이트해드와 근대 세계관의 철학적 성찰, 한국화이트헤드학회, 화이트헤드연구, 2010.
• 성현창, 기독교세계관과 주자학의 비교를 통해서 본 유교와 기독교의 만남, 한국동서철학회, 동서철학연구, 2009.
• 유경상, 기독교 세계관에 기초한 "포스트모던 인간관 연구", 기독교 학문연구회, 신앙과 학문, 2010.
• 황준연, 『논어』에 나타난 공자(公子)의 세계관, 한국윤리학회(구 한국국민윤리학회), 윤리연구(구 국민윤리연구), 2011.